Steuern und Sozialversicherung bei Homeoffice im Ausland

Felix Siegel · Thomas Siegel

Steuern und Sozialversicherung bei Homeoffice im Ausland

Rechtssicherheit für Unternehmen und Beschäftigte

Felix Siegel
Ludwig-Maximilians-
Universität München
München, Deutschland

Thomas Siegel
Steuerkanzlei Dr. Siegel
Zorneding, Deutschland

ISBN 978-3-658-38186-8   ISBN 978-3-658-38187-5 (eBook)
https://doi.org/10.1007/978-3-658-38187-5

Die Deutsche Nationalbibliothek verzeichnet diese Publikation in der Deutschen Nationalbibliografie; detaillierte bibliografische Daten sind im Internet über http://dnb.d-nb.de abrufbar.

Springer Gabler
© Der/die Herausgeber bzw. der/die Autor(en), exklusiv lizenziert an Springer Fachmedien Wiesbaden GmbH, ein Teil von Springer Nature 2022
Das Werk einschließlich aller seiner Teile ist urheberrechtlich geschützt. Jede Verwertung, die nicht ausdrücklich vom Urheberrechtsgesetz zugelassen ist, bedarf der vorherigen Zustimmung des Verlags. Das gilt insbesondere für Vervielfältigungen, Bearbeitungen, Übersetzungen, Mikroverfilmungen und die Einspeicherung und Verarbeitung in elektronischen Systemen.
Die Wiedergabe von allgemein beschreibenden Bezeichnungen, Marken, Unternehmensnamen etc. in diesem Werk bedeutet nicht, dass diese frei durch jedermann benutzt werden dürfen. Die Berechtigung zur Benutzung unterliegt, auch ohne gesonderten Hinweis hierzu, den Regeln des Markenrechts. Die Rechte des jeweiligen Zeicheninhabers sind zu beachten.
Der Verlag, die Autoren und die Herausgeber gehen davon aus, dass die Angaben und Informationen in diesem Werk zum Zeitpunkt der Veröffentlichung vollständig und korrekt sind. Weder der Verlag, noch die Autoren oder die Herausgeber übernehmen, ausdrücklich oder implizit, Gewähr für den Inhalt des Werkes, etwaige Fehler oder Äußerungen. Der Verlag bleibt im Hinblick auf geografische Zuordnungen und Gebietsbezeichnungen in veröffentlichten Karten und Institutionsadressen neutral.

Lektorat/Planung: Irene Buttkus
Springer Gabler ist ein Imprint der eingetragenen Gesellschaft Springer Fachmedien Wiesbaden GmbH und ist ein Teil von Springer Nature.
Die Anschrift der Gesellschaft ist: Abraham-Lincoln-Str. 46, 65189 Wiesbaden, Germany

Vorwort

Homeoffice im Ausland ist heute praktisch so einfach wie nie. Vor allem die Corona-Pandemie hat in vielen Büros für einen digitalen Schub gesorgt und die Akzeptanz des Arbeitens von zu Hause stark erhöht. Viele Menschen, die nun über Monate am heimischen Küchentisch statt am Schreibtisch im Büro ihre Arbeit verrichtet haben, sind dabei zu der Frage gelangt: Warum nicht gleich von einem Urlaubsort aus arbeiten? Die Vorteile liegen auf der Hand: Deutschland ist, zugegeben, manchmal etwas kalt, während man anderswo zum Feierabend im Januar einen Strandspaziergang unternehmen kann. Neben dem Freizeitaspekt sind es manchmal auch die Nähe zur Familie oder eventuell sogar Steuerplanungsaspekte, die Menschen ins Homeoffice außer Landes treiben. Was kann nun dagegen sprechen, einfach den Laptop einzupacken und ihn an einer sonnigeren Destination wieder aufzuklappen?

Abgesehen davon, dass es sich empfiehlt, das Ladekabel für den Laptop nicht zu Hause zu vergessen, ist beim Arbeiten aus dem Ausland insbesondere das internationale Steuer- und Sozialversicherungsrecht zu beachten, dem wir uns in diesem Buch widmen. Während der Begriff „internationales Steuerrecht" suggeriert, dass es ein Steuerrecht gibt, welches länderübergreifend die Besteuerung von natürlichen oder juristischen Personen regelt, möchten wir an dieser Stelle direkt feststellen: Dem ist nicht so. EU-weit ist es zwar grundsätzlich gelungen, die Umsatzsteuer annähernd einheitlich zu regeln. Von einer EU-weiten oder gar weltweiten Harmonisierung der Ertragssteuern wie Einkommens- und Körperschaftsteuer sind wir aber weit entfernt. Der Begriff „internationales Steuerrecht" wird daher für die Summe aller nationalen Steuerregelungen verwendet, die die Auslandsbeziehungen der jeweiligen Steuerbürger einer Nation betreffen. Wie wir in diesem Buch auch darstellen werden, besteht im Gegensatz zum Steuerrecht in der EU zumindest relative Einheitlichkeit beim Sozialversicherungsrecht und es existieren Handlungsanweisungen für das Homeoffice im Ausland. Beim Homeoffice in Nicht-EU-Ländern sieht dies allerdings völlig anders aus.

Wir wissen aus Gesprächen mit Personen, die im ausländischen Homeoffice arbeiten oder gearbeitet haben, dass dies häufig schlicht „unter dem Radar" geschieht. Aus Unkenntnis und vor allem aufgrund der Komplexität werden die steuer- und sozialversicherungsrechtlichen Konsequenzen oft nicht beachtet. Das mag heute – auch durch den Ausnahmezustand der Pandemie – nicht auffallen und vielleicht fürs Erste funktionieren. Insbesondere wenn sich das Phänomen Homeoffice im Ausland über die Pandemie hinaus etabliert, wovon auszugehen ist, werden Finanzbehörden weltweit aber ein genaues Auge darauf werfen. Oft haben Finanzbehörden zudem auch jahrelang Zeit, um vergangene Sachverhalte zu prüfen und Steuern nachzufordern. Mit fällig werdenden Zinsen kann solch ein steuer- und sozialversicherungsrechtlich nicht korrekt behandeltes Homeoffice im Ausland nach einigen Jahren schnell sehr teuer werden.

Ziel dieses Buches ist es, Ihnen von Anfang an einen rechtssicheren Weg durch den internationalen Steuer- und Sozialversicherungsrechts-Dschungel zu bahnen, sodass Sie wissen, worauf Sie sich einlassen, wenn Sie oder Ihre Angestellten aus dem Homeoffice im Ausland tätig werden. Die primäre Frage, die wir daher beantworten möchten, ist, wo Sie unter welchen Voraussetzungen Steuern bzw. Sozialabgaben zahlen müssen. Nach der Lektüre dieses Buches sollten Sie daher in der Lage sein, die mit Ihrem Homeoffice bzw. dem Ihrer Angestellten einhergehenden steuerlichen und sozialversicherungsrechtlichen Pflichten einzuschätzen. Um ganz konkrete Hinweise zu geben, haben wir dabei die steuerlichen Regeln von 35 Ländern zusammengetragen, die zu den populärsten Wegzugsdestinationen der Deutschen bzw. in Deutschland lebender Menschen gehören.

Nachrangig ist für uns hingegen die Frage, wie viel Steuern Sie jeweils zahlen müssen – aus dem schlichten Grund, weil diese Frage pro Land ein eigenes Buch füllen und den Rahmen dieses Ratgebers sprengen würde. Auch sei an dieser Stelle erwähnt, dass wir uns im Rahmen dieses Buches auf bilaterale steuerliche Konstellationen jeweils mit Deutschland beschränken.

Vorab noch ein paar Worte zu uns, den Autoren:

Felix Siegel

„Ich bin seit mehr als zwei Jahren Wissenschaftlicher Mitarbeiter und Doktorand an der LMU in München und beschäftige mich in meiner Promotion insbesondere mit dem internationalen Steuerrecht, wozu ich auch eine Veranstaltung betreue und halte. Die Idee für das vorliegende Buch kam mir, als ich im Freundes- und Bekanntenkreis vermehrt auf die steuerlichen Konsequenzen eines ausländischen Homeoffice angesprochen wurde, aber nie auf einen konkreten Ratgeber verweisen konnte. Es ist sicherlich eine der positiven Nebenentwicklungen der sonst so schlimmen Corona-Pandemie, dass heute das Homeoffice von jedem Ort aus akzeptiert ist. Mit diesem Buch möchte ich es Menschen ermöglichen, diese Chance rechtssicher von jedem Land aus verwirklichen zu können."

Prof. Dr. Thomas Siegel

„Ich leite seit 1998 eine Steuerkanzlei mit rund 30 Mitarbeitern, die ich von meinem Vater gekauft habe. In meiner täglichen Beratungspraxis werde ich immer wieder damit konfrontiert, was es bedeutet, eine Betriebsstätte im Ausland zu begründen – etwa auch durch ein ausländisches Homeoffice. Neben den Fragen, ob und wann diese Betriebsstätte begründet wird, ist der entscheidende Punkt, wie deren Gewinn sachgerecht ermittelt wird. Nicht selten ist dies mit einem langwierigen Konflikt mit der Finanzverwaltung verbunden. Auch für mich als Unternehmer selbst hat sich die Frage gestellt, ob ich gegebenenfalls eine Betriebsstätte im Ausland begründe. Auf der Suche nach Personal für meine Kanzlei hat sich ein Bewerber gemeldet, der in Italien wohnhaft ist und in seinem dortigen Homeoffice für mich tätig werden wollte. Nach Prüfung des Sachverhalts kam ich zu dem Schluss, dass die Zusammenarbeit mit diesem Mitarbeiter derart viele steuerliche Herausforderungen in sich bergen würde, dass ich von der Zusammenarbeit abgesehen habe. Ob ich mich diesen Herausforderungen angesichts des akuten Mangels an Fachkräften im Inland nachhaltig entziehen kann, bleibt abzuwarten."

München, Deutschland
Zorneding, Deutschland

Felix Siegel
Thomas Siegel

Inhaltsverzeichnis

1	**Einleitung**	1
1.1	Systematik und Inhalt des Buchs	1
1.2	Wie ist dieses Buch zu lesen? Ein Wegweiser für drei Fallgruppen	3
2	**Steuerpflicht in Deutschland**	13
2.1	Natürliche Personen	13
2.1.1	Unbeschränkte Steuerpflicht	13
2.1.2	Beschränkte Steuerpflicht	18
2.2	Kapitalgesellschaften	20
2.2.1	Unbeschränkte Steuerpflicht	20
2.2.2	Beschränkte Steuerpflicht	22
3	**Steuerpflicht im Ausland**	27
3.1	Natürliche Personen	27
3.2	Kapitalgesellschaften	30
4	**Doppelbesteuerungsabkommen**	35
4.1	Einführung	35
4.2	Geltungsbereich eines Doppelbesteuerungsabkommens	38
4.3	Ausgewählte Einkunftsarten nach dem OECD-MA	41
4.3.1	Unternehmensgewinne (Art. 7 OECD-MA)	42
4.3.2	Einkünfte aus unselbstständiger Tätigkeit (Art. 15 OECD-MA)	50

4.4 Methoden zur Vermeidung der Doppelbesteuerung 52
    4.4.1 Freistellungsmethode oder Befreiungsmethode 52
    4.4.2 Anrechnungsmethode 53
4.5 Ausnahmen, Rückfallklauseln 56

5 Ohne Doppelbesteuerungsabkommen: Nationale Maßnahmen gegen Doppelbesteuerung 59

6 Zusammenfassung: Der steuerlich richtige Umgang von Unternehmen mit Arbeitnehmerinnen und Arbeitnehmern im Ausland 61
6.1 Beschäftigung im Rahmen einer Betriebsstätte 61
    6.1.1 Mit Doppelbesteuerungsabkommen 61
    6.1.2 Ohne Doppelbesteuerungsabkommen 63
6.2 Beschäftigung nicht im Rahmen einer Betriebsstätte 64
    6.2.1 Mit Doppelbesteuerungsabkommen 64
    6.2.2 Ohne Doppelbesteuerungsabkommen 66

7 Sozialversicherungsrecht 69
7.1 Homeoffice im Ausland – sozialversicherungsrechtliche Überlegungen 69
7.2 Entsendung als Option, bei zeitlich langem Homeoffice weiter in Deutschland sozialversichert zu sein 72
    7.2.1 Entsendung ins EU-Ausland 72
    7.2.2 Entsendung in Drittstaaten mit Sozialversicherungsabkommen 73
    7.2.3 Entsendung in Drittstaaten ohne Sozialversicherungsabkommen 74

8 Tipps zur Dokumentation eines ausländischen Homeoffice 77

9 Länderübersicht 81
9.1 Australien 82
9.2 Belgien 83
9.3 Bosnien und Herzegowina (BuH) 84
9.4 Brasilien 85
9.5 Bulgarien 86
9.6 China (Volksrepublik) 87
9.7 Dänemark 88
9.8 Frankreich 90
9.9 Griechenland 91

9.10	Indien	92
9.11	Irland	94
9.12	Italien	95
9.13	Japan	96
9.14	Kanada	97
9.15	Kroatien	99
9.16	Luxemburg	100
9.17	Neuseeland	101
9.18	Niederlande	103
9.19	Norwegen	104
9.20	Österreich	105
9.21	Polen	106
9.22	Portugal	108
9.23	Rumänien	109
9.24	Schweden	110
9.25	Schweiz	111
9.26	Serbien	113
9.27	Slowakei	114
9.28	Spanien	115
9.29	Thailand	116
9.30	Tschechien	117
9.31	Türkei	118
9.32	Ungarn	120
9.33	Vereinigte Arabische Emirate (VAE)	121
9.34	Vereinigte Staaten (USA)	121
9.35	Vereinigtes Königreich (UK)	123

10 Anhang: OECD-Musterabkommen 125

Literatur 151

Einleitung

Die folgenden Unterkapitel geben zunächst einen Überblick über Inhalt und Systematik dieses Buches. Danach gehen wir auf drei unterschiedlich vom Homeoffice im Ausland betroffene Personen- bzw. Firmengruppen ein und schlagen vor, wie diese das Buch jeweils lesen sollten.

1.1 Systematik und Inhalt des Buchs

Der Aufbau dieses Buches folgt in den Kap. 2, 3, 4 und 5 der grundlegenden Prüfstruktur zur Feststellung des Besteuerungsrechts in internationalen Steuerfällen. Diese gestaltet sich wie folgt:

1. Besteht eine Steuerpflicht in Deutschland?
2. Besteht eine Steuerpflicht im Ausland?
3. Bei Steuerpflicht in Deutschland (1) und im Ausland (2): Was sagt das Doppelbesteuerungsabkommen?
4. Wenn kein Doppelbesteuerungsabkommen (3): Welches sind die nationalen Regeln zur Vermeidung der Doppelbesteuerung?

Wer jetzt schon ausgestiegen ist: Keine Panik! Wir gehen dieser Prüfung im Buch Schritt für Schritt und mit jeweils ausführlichen Beispielen nach.

Die ersten beiden Prüfschritte beschäftigen sich mit der Frage, ob jeweils eine Steuerpflicht nach den jeweiligen nationalen Regeln in Deutschland (1) und im Ausland (2) besteht. Kap. 2 reflektiert den ersten Prüfschritt und beschäftigt sich ausgiebig mit der Frage, unter welchen Voraussetzungen eine Steuerpflicht in

Deutschland entsteht, wobei zwischen natürlichen Personen und Kapitalgesellschaften unterschieden wird. Kap. 3 knüpft an den zweiten Prüfschritt an und gibt einen Überblick über die nationalen Regeln zur Steuerpflicht in den in Kap. 9 behandelten Ländern, wobei auch hier zwischen natürlichen Personen und Kapitalgesellschaften unterschieden wird.

Liegt eine Steuerpflicht nur in einem der beiden Länder vor, so hört die Prüfung bereits an dieser Stelle auf – Steuern sind dann nur im dem Land zu zahlen, in dem die Steuerpflicht besteht. Regelmäßig besteht aber eine nationale Steuerpflicht in beiden Ländern. Um in diesem Fall Doppelbesteuerung, also die doppelte Besteuerung des gleichen Einkommens, zu vermeiden, hat Deutschland mit vielen Ländern ein sogenanntes Doppelbesteuerungsabkommen (DBA) geschlossen. Im Falle eines DBA widmet sich Prüfschritt 3 der Frage, wie das DBA die Besteuerungsrechte zwischen den Ländern verteilt und welches Land folglich final das Einkommen besteuern darf. Diesen dritten Prüfschritt vollziehen wir in Kap. 4 nach und skizzieren die Grundstruktur der von Deutschland abgeschlossenen DBA, die sich meist stark am von der Organisation für wirtschaftliche Zusammenarbeit und Entwicklung (OECD) herausgegebenen Musterabkommen orientieren. Wir gehen dabei insbesondere auf die für dieses Buch relevantesten Einkommenskategorien „Unternehmensgewinne" und „Einkommen aus unselbstständiger Arbeit", also das Einkommen von Arbeitnehmerinnen und Arbeitnehmern, ein.

Mit einigen wenigen Ländern – in unserer Länderübersicht sind dies Brasilien sowie die Vereinigten Arabischen Emirate – hat Deutschland allerdings kein Doppelbesteuerungsabkommen abgeschlossen. Um Steuerpflichtige, die in Geschäftsbeziehungen mit diesen Ländern stehen, dennoch zu entlasten, gibt es in Deutschland eigene, nationale Regelungen zur Vermeidung der Doppelbesteuerung, die in Prüfschritt 4 behandelt werden. Wir stellen diese Methoden und ihre Voraussetzungen in Kap. 5 vor.

Kap. 6 fasst dann noch einmal die steuerlichen Konsequenzen sowohl für Arbeitgeberinnen und Arbeitgebern als auch Arbeitnehmerinnen und Arbeitnehmern für den Fall zusammen, dass Angestellte einer Firma im Ausland dauerhaft im Homeoffice arbeiten.

Während bisher ausschließlich steuerliche Konsequenzen des Homeoffice im Ausland besprochen wurden, widmet sich Kap. 7 dem Thema der Sozialversicherung bei einer Tätigkeit von Arbeitnehmerinnen und Arbeitnehmern im ausländischen Homeoffice. Dabei wird, neben den zu unterscheidenden Konstellationen der Einstrahlung und Ausstrahlung, auf anwendbares EU-Recht sowie Sozialversicherungsabkommen eingegangen.

Um eine Tätigkeit im ausländischen Homeoffice ganz praktisch durchzuführen, gibt Kap. 8 dann eine Übersicht über zu dokumentierende Sachverhalte zwischen

Arbeitgeberinnen bzw. Arbeitgebern als auch Arbeitnehmerinnen bzw. Arbeitnehmern.

Abschließend bietet Kap. 9, wie schon erwähnt, eine ausführliche Länderübersicht der steuerlichen Regeln von 35 Ländern, die zu den populärsten Wegzugsdestinationen der Deutschen bzw. in Deutschland lebenden Menschen gehören. Dabei wird auf die jeweiligen nationalen Regeln des Landes zur Steuerpflicht eingegangen und potenzielle Steuererleichterungen, die sich speziell an zugezogene ausländische Fachkräfte richten, werden aufgeführt. Darüber hinaus werden die Besonderheiten des DBA mit Deutschland berücksichtigt.

1.2 Wie ist dieses Buch zu lesen? Ein Wegweiser für drei Fallgruppen

Für dieses Buch haben wir insbesondere drei Personen- bzw. Firmengruppen identifiziert, für die ein Homeoffice im Ausland steuerliche Konsequenzen haben kann:

1. Arbeitnehmerinnen und Arbeitnehmer mit Homeoffice im Ausland
2. Arbeitgeberinnen und Arbeitgeber mit Angestellten im ausländischen Homeoffice
3. Selbstständigen m

Jede der drei Gruppen erhält im Folgenden mithilfe von Flowcharts sowie einem Beispiel einen Wegweiser durch dieses Buch.

Arbeitnehmerinnen und Arbeitnehmer mit Homeoffice im Ausland
Für Arbeitnehmerinnen und Arbeitnehmer, die im Ausland im Homeoffice tätig sein wollen (siehe Abb. 1.1), ist zunächst mit Abschn. 2.1 zu überprüfen, ob (noch) eine Steuerpflicht in Deutschland besteht. Mithilfe von Kap. 3 wird dann, unter Zuhilfenahme der Länderübersicht in Kap. 9, überprüft, ob eine Steuerpflicht im Ausland besteht. Wird in einem dieser ersten beiden Schritte festgestellt, dass eine Steuerpflicht nur in einem Land besteht, so muss nicht weiter geprüft werden, es sind nur in diesem einen Land Steuern zu zahlen. Besteht jedoch in beiden Ländern eine Steuerpflicht, so ist mithilfe von Kap. 9 zunächst zu prüfen, ob ein Doppelbesteuerungsabkommen (DBA) vorliegt. Ist dies der Fall, so werden die Besteuerungsrechte mithilfe des DBA bestimmt. Hierzu sind zunächst die Abschn. 4.1 und 4.2 zu lesen, die den Überblick über den gewöhnlichen Aufbau und die Inhalte von DBAs geben, die Deutschland mit anderen Ländern abgeschlossen hat. Bei unbeschränkter Steuerpflicht in beiden Staaten ist mithilfe von Abschn. 4.2 zudem festzustellen, in welchem Land eine Person ansässig ist.

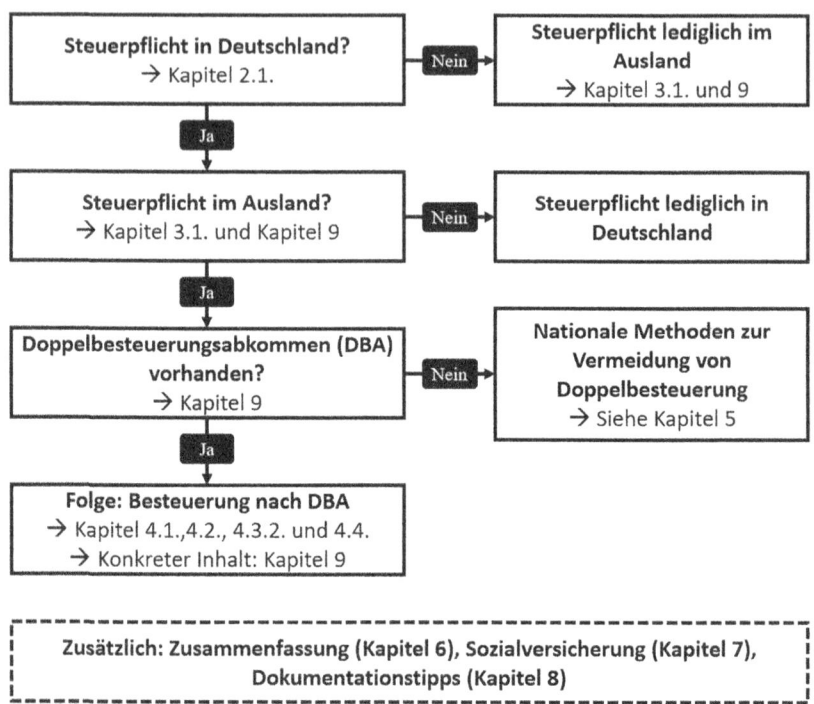

Abb. 1.1 Wie lesen Arbeitnehmerinnen und Arbeitnehmer mit ausländischem Homeoffice dieses Buch?

Eine Spezifizierung, wie genau mit Einkommen aus unselbstständiger Tätigkeit umzugehen ist und welches Land am Ende wie besteuert, findet sich dann in den Abschn. 4.3.2 und 4.4. Insbesondere hinsichtlich Abschn. 4.3.2 kann es auch für Arbeitnehmerinnen und Arbeitnehmer wichtig sein, ob durch ihre Tätigkeit eine Betriebsstätte wie in Abschn. 4.3.1 im Ausland entsteht. Die wichtigsten Bestimmungen für das DBA mit dem jeweiligen Land finden sich zusätzlich in Kap. 9. Eine Zusammenfassung dieser Schritte findet sich in Kap. 6.

Zusätzlich legen wir Arbeitnehmerinnen und Arbeitnehmern mit Homeoffice im Ausland die Kapitel zur Sozialversicherung (Kap. 7) und die Dokumentationstipps (Kap. 8) ans Herz.

1.2 Wie ist dieses Buch zu lesen? Ein Wegweiser für drei Fallgruppen

Beispiel: Homeoffice eines Arbeitnehmers im Land des Dolce Vita

Jens ist Buchhalter eines boomenden Kosmetik-Start-ups mit Sitz in Berlin. Seit langem hegt er den Wunsch, von Italien aus zu arbeiten – insbesondere, da seine Kolleginnen und Kollegen auch nur noch vom Homeoffice aus arbeiten. Im Januar 2022 verwirklicht er seinen Traum, zieht ins schöne Siena und bleibt dort bis Ende September. Seine Wohnung in Berlin-Kreuzberg behält er bei und vermietet sie auch nicht unter.

In Abschn. 2.1 lernt Jens, dass er mit seinem Welteinkommen in Deutschland nach wie vor unbeschränkt steuerpflichtig ist. Unter Zuhilfenahme des Abschn. 9.12 zu Italien lernt Jens in Kap. 3, dass er allerdings auch in Italien mit seinem Welteinkommen unbeschränkt steuerpflichtig ist, da er sich dort 183 Tage oder mehr aufgehalten hat. Zum Glück findet er ebenfalls in Abschn. 9.12 heraus, dass ein Doppelbesteuerungsabkommen mit Italien besteht.

Da er sowohl in Deutschland als auch in Italien unbeschränkt steuerpflichtig ist, ermittelt Jens zunächst mithilfe von Abschn. 4.2, dass er nach dem DBA in Deutschland ansässig ist – hier ist er noch in vielen Vereinen aktiv, während er in Italien kaum ein soziales Netz aufbauen konnte.

In Abschn. 4.3.2 findet Jens zudem heraus, dass er – obwohl er sich mehr als 183 Tage in Italien aufgehalten hat – sein gesamtes Einkommen in Deutschland zu versteuern hat. Da sein Unternehmen nicht weiter in Italien präsent ist und seine Buchhaltungstätigkeit lediglich als Hilfstätigkeit gewertet wird, löst seine Präsenz dort auch keine Betriebsstätte aus, wie in Abschn. 4.3.1 beschrieben.

In Abschn. 7.1 erfährt Jens zudem, dass er während seiner gesamten Zeit im EU-Land Italien weiter in der deutschen Sozialversicherung pflichtversichert ist. Kap. 8 gibt Jens dann eine Übersicht, was er bei einer nächsten längeren Homeoffice-Tätigkeit in Italien – die natürlich schon längst geplant ist – mit seinem Arbeitgeber, dem Kosmetik-Start-up, alles zu dokumentieren hat. ◄

Arbeitgeberinnen und Arbeitgeber, deren Angestellte im ausländischen Homeoffice arbeiten

Bei Arbeitgeberinnen und Arbeitgebern mit Angestellten im ausländischen Homeoffice (siehe Abb. 1.2) gehen wir davon aus, dass die jeweilige Firma unstrittig in Deutschland steuerpflichtig ist – eine Überprüfung der deutschen Steuerpflicht entfällt daher. Fraglich ist vor allem, ob durch die Tätigkeit des Angestellten im Ausland ein steuerlicher Anknüpfungspunkt im Ausland – meist wird es sich hier um eine Betriebsstätte handeln – entsteht. Eine Übersicht hierzu findet sich in Abschn. 3.2, die konkreten Regeln zum Entstehen einer Betriebsstätte im Ausland

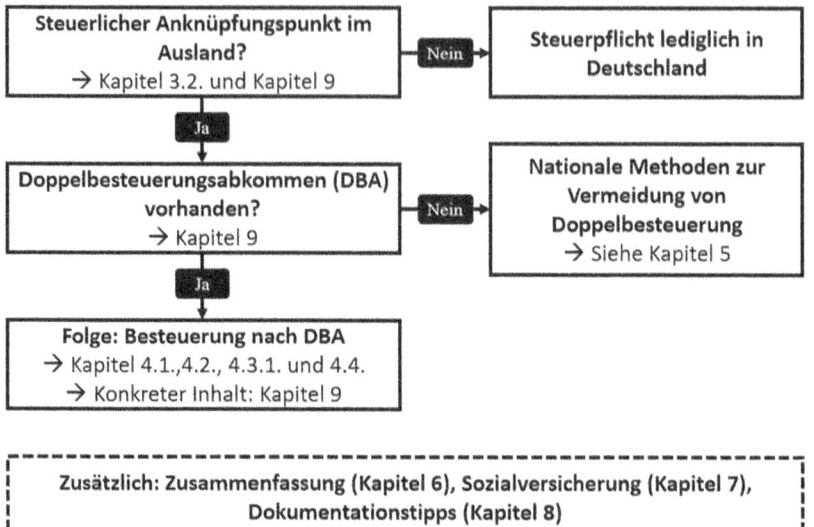

Abb. 1.2 Kapitelübersicht für Arbeitgeberinnen und Arbeitgeber mit Angestellten im ausländischen Homeoffice

finden sich in Kap. 9. Oft orientieren sich diese Regeln direkt an den Regeln einer Betriebsstätte aus dem OECD-Musterabkommen, welche in 4.3.1 vorgestellt werden.

Wird durch die Angestellten im Ausland ein steuerlicher Anknüpfungspunkt geschaffen, so ist zunächst anhand von Kap. 9 zu überprüfen, ob ein Doppelbesteuerungsabkommen (DBA) mit dem jeweiligen Land besteht. Ist das der Fall, so legen wir zunächst das Lesen von Abschn. 4.1 und 4.2 zu Aufbau und Geltungsbereich von DBA nahe. Mit Abschn. 4.3.1 ist dann zuerst zu prüfen, ob der nationale steuerliche Anknüpfungspunkt im Ausland auch der Definition einer Betriebsstätte aus dem DBA standhält. Im gleichen Kapitel wird dann beschrieben, wie bei Vorliegen einer Betriebsstätte der damit erwirtschaftete Gewinn auf das Land aufgeteilt wird. Abschn. 4.4 schließt dann mit den konkreten Methoden zur Vermeidung der Doppelbesteuerung. Besonderheiten des DBA des jeweiligen Landes mit Deutschland finden sich zudem in Kap. 9.

Liegt kein DBA vor, wird das ausländische Land auf den mittels des steuerlichen Anknüpfungspunktes erwirtschafteten Gewinn Steuern erheben. Methoden, wie in Deutschland eine Doppelbesteuerung vermieden werden kann, werden in Kap. 5 beschrieben.

1.2 Wie ist dieses Buch zu lesen? Ein Wegweiser für drei Fallgruppen

Eine Zusammenfassung dieser Schritte findet sich in Kap. 6.

Auch Arbeitgeberinnen und Arbeitgebern mit Angestellten im ausländischen Homeoffice legen wir zusätzlich die Kapitel zur Sozialversicherung (Kap. 7) und die Dokumentationstipps (Kap. 8) ans Herz.

Beispiel: Eine Arbeitgeberin und ihr Angestellter in Down Under

Jana leitet eine Unternehmensberatung in Frankfurt am Main. Ihr angestellter Berater Markus ist passionierter Taucher und möchte, da er ohnehin ausschließlich digital arbeitet, für sieben Monate von einer von ihm angemieteten Wohnung in Port Douglas in Australien aus arbeiten, um an Feierabenden das Great Barrier Reef zu erkunden. Als Markus abreist, weist Jana Markus' alten Schreibtisch einem neu eingestellten Berater zu.

Jana befürchtet jedoch, dass durch Markus' Homeoffice im Ausland ein steuerlicher Anknüpfungspunkt für ihre Unternehmensberatung in Australien entsteht. Nach einer Durchsicht von Abschn. 3.2 bemerkt sie in Abschn. 9.1, dass insbesondere eine längere Homeoffice-Tätigkeit von Australien aus eine Betriebsstätte ihres Unternehmens in Australien hervorrufen kann, was ihr die australische Steuerbehörde auf Anfrage bestätigt. Dieses Risiko ist insbesondere dadurch erhöht, dass Markus an mehreren für die Unternehmensberatung wichtigen Projekten mitwirkt und somit Teil der Kerntätigkeit des Unternehmens ist.

Nachdem sie ebenfalls in Abschn. 9.1 erfahren hat, dass Deutschland ein DBA mit Australien abgeschlossen hat, lernt Jana in Abschn. 4.3.1, dass sehr wahrscheinlich auch nach den Bestimmungen des DBA eine Betriebsstätte in Australien vorliegt. Relevante Fakten sind dabei unter anderem, dass Markus sich länger als sechs Monate in Australien aufhält und keinen Arbeitsplatz mehr im Büro in Frankfurt zur Verfügung hat. Janas Unternehmensberatung muss daher eine Gewinnermittlung in Australien durchführen und den mit Markus erwirtschafteten Gewinn dort versteuern.

Darüber hinaus erfährt Jana in Abschn. 7.2.2, dass Deutschland mit Australien ein Sozialversicherungsabkommen abgeschlossen hat. Mithilfe von Kap. 8 dokumentiert Jana zudem alle relevanten Sachverhalte für Markus' ausländisches Homeoffice, um für zukünftige Anfragen der Steuerbehörden gerüstet zu sein. ◄

Selbstständige mit Homeoffice im Ausland

Selbstständige sind für unsere Zwecke zu differenzieren. Zum einen kann es sich um Selbstständige handeln, die entweder Freiberufler sind – also etwa Steuerberaterinnen und Steuerberater, Anwältinnen und Anwälte oder Künstlerinnen und Künstler –

oder ihre Selbstständigkeit mittels einer Personengesellschaft, also als haftende Gesellschafter einer GbR, OHG oder KG, ausüben. Wir bezeichnen diese Selbstständigen im Folgenden als Selbstständige ohne Kapitalgesellschaft. Im Gegensatz dazu gibt es auch Selbstständige, die ihre Tätigkeit im Rahmen einer Kapitalgesellschaft ausüben und daher anders über das Homeoffice im Ausland nachdenken müssen.

Abb. 1.3 gibt einen Überblick, der Selbstständige ohne eine Kapitalgesellschaft durch dieses Buch führt.

Für Selbstständige ohne Kapitalgesellschaft ist zunächst mit Abschn. 2.1 zu überprüfen, ob (noch) eine Steuerpflicht in Deutschland besteht. Mithilfe von Abschn. 3.1 wird dann, unter Zuhilfenahme der Länderübersicht in Kap. 9, überprüft, ob eine Steuerpflicht im Ausland existiert. Zusätzlich ist hier für Selbstständige mit Abschn. 3.2, ebenfalls unter Zuhilfenahme von Kap. 9, zu überprüfen, ob nach ausländischem nationalen Recht eine Betriebsstätte vorliegt. Steht als Folge fest,

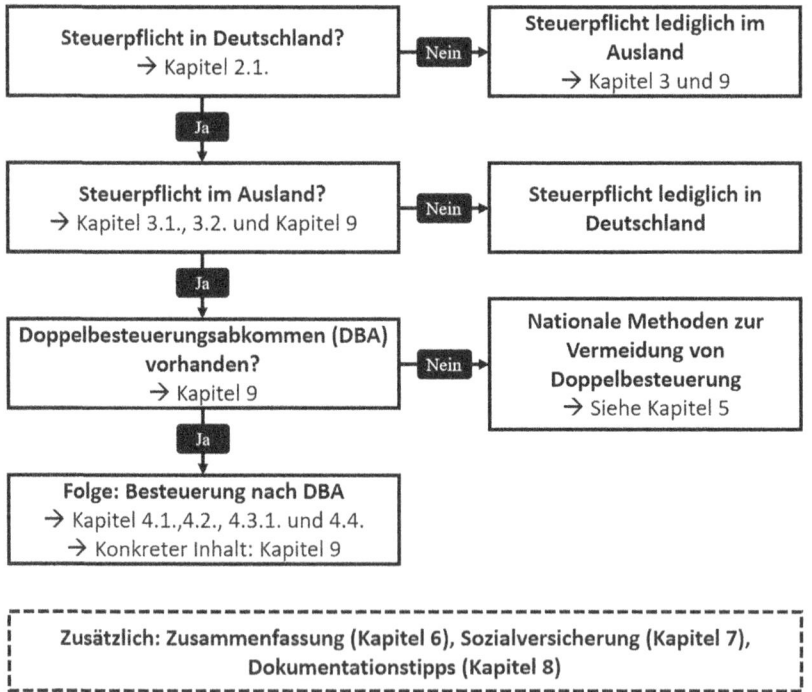

Abb. 1.3 Wie lesen Selbstständige mit ausländischem Homeoffice dieses Buch?

1.2 Wie ist dieses Buch zu lesen? Ein Wegweiser für drei Fallgruppen

dass eine Steuerpflicht nur in einem Land besteht, so muss nicht weiter geprüft werden, es sind nur in dem einen Land Steuern zu zahlen. Besteht jedoch in beiden Ländern eine Steuerpflicht, so ist mithilfe von Kap. 9 zunächst zu prüfen, ob ein Doppelbesteuerungsabkommen (DBA) vorliegt. Ist dies der Fall, so werden das Besteuerungsrecht mithilfe des DBA bestimmt. Hierzu sind zunächst die Abschn. 4.1 und 4.2 zu lesen, die einen Überblick über den gewöhnlichen Aufbau und die Inhalte von DBA geben, die Deutschland abgeschlossen hat. Bei unbeschränkter Steuerpflicht in beiden Staaten ist mithilfe von Abschn. 4.2 zudem festzustellen, in welchem Land eine Person ansässig ist.

Mit Abschn. 4.3.1 ist dann zuerst zu prüfen, ob der nationale steuerliche Anknüpfungspunkt im Ausland auch der Definition einer Betriebsstätte aus dem DBA standhält. Im gleichen Kapitel wird dann beschrieben, wie bei Vorliegen einer Betriebsstätte der damit erwirtschaftete Gewinn auf das Land aufgeteilt wird. In Abschn. 4.4 folgen die konkreten Methoden zur Vermeidung der Doppelbesteuerung. Die wichtigsten Bestimmungen für das DBA mit dem Land finden sich in Kap. 9. Eine Zusammenfassung dieser Schritte enthält Kap. 6.

Selbstständigen ohne Kapitalgesellschaft mit Homeoffice im Ausland legen wir zudem die Dokumentationstipps aus Kap. 8 nahe.

Beispiel: Eine Selbstständige mit Homeoffice auf Mallorca

Jolanda ist freischaffende Künstlerin aus Stuttgart und teilt sich dort mit mehreren Kolleginnen ein Atelier. Um Inspirationen zu sammeln und weil ihr Stuttgart zu kalt wird, zieht sie Anfang Januar 2022 nach Deià im Westen Mallorcas und mietet sich dort ein kleines Häuschen, welches sie zum Atelier umfunktioniert. Auf Mallorca bleibt sie bis Ende Oktober und kehrt dann nach Stuttgart zurück. Da sie viele Verkäufe ihrer Kunst über ihr Stuttgarter Atelier abwickelt, gibt sie dieses, wie auch ihre Stuttgarter Wohnung, während ihrer Zeit auf Mallorca nicht auf.

In Abschn. 2.1 lernt Jolanda nun, dass ihre Stuttgarter Wohnung einen Wohnsitz in Deutschland darstellt, weshalb sie nach wie vor in Deutschland steuerpflichtig ist. In Abschn. 3.1, welches Jolanda zusammen mit dem Länderkapitel 9.28 zu Spanien liest, erfasst Jolanda, dass sie allerdings auch aufgrund ihres langen Aufenthalts in Spanien unbeschränkt steuerpflichtig ist, es aber zum Glück ein DBA mit Spanien gibt. Mit Abschn. 4.2 überprüft Jolanda ihre Ansässigkeit: Sie hat sowohl in Stuttgart als auch auf Mallorca eine Wohnung, und, da sie schnell auf Mallorca Fuß gefasst hat, ihren Lebensmittelpunkt sowohl in Stuttgart als auch in den schnell liebgewonnenen Künstlerkreisen in Deià. Da sie aber mehr als ein halbes Jahr auf Mallorca verbracht hat und ihr gewöhnlicher

Aufenthalt im Jahr 2022 in Spanien lag, ermittelt Jolanda, dass sie nach dem DBA 2022 dort ansässig war.

In Abschn. 4.3.1 erfährt Jolanda weiter, dass ihr Stuttgarter Atelier nun aber eine Betriebsstätte in Deutschland darstellt und sie die dort erzielten Einkünfte aus dem Verkauf ihrer Kunst auch in Deutschland versteuern muss. Mit Abschn. 4.4 sowie 9.28 findet Jolanda heraus, dass Spanien diese Einkünfte zwar auch versteuert, sie aber die in Deutschland gezahlte Einkommensteuer auf die spanische Steuer anrechnen kann. ◄

Selbstständige, die ihren Betrieb als Kapitalgesellschaft organisiert haben, sind in den meisten Fällen Geschäftsführende ihres Betriebs und damit wie Arbeitnehmerinnen und Arbeitnehmer zu behandeln. Für die Kapitalgesellschaft selbst, deren Geschäftsführung im ausländischen Homeoffice weilt, zeigt Abb. 1.4 einen Weg durchs Buch.

In der Regel dürften in Deutschland gegründete Kapitalgesellschaften, deren Geschäftsführung im Ausland ein Homeoffice betreibt, in Deutschland unstrittig steuerpflichtig sein. Lediglich im Zweifelsfalls ist dies mithilfe von Abschn. 2.2 zu überprüfen.

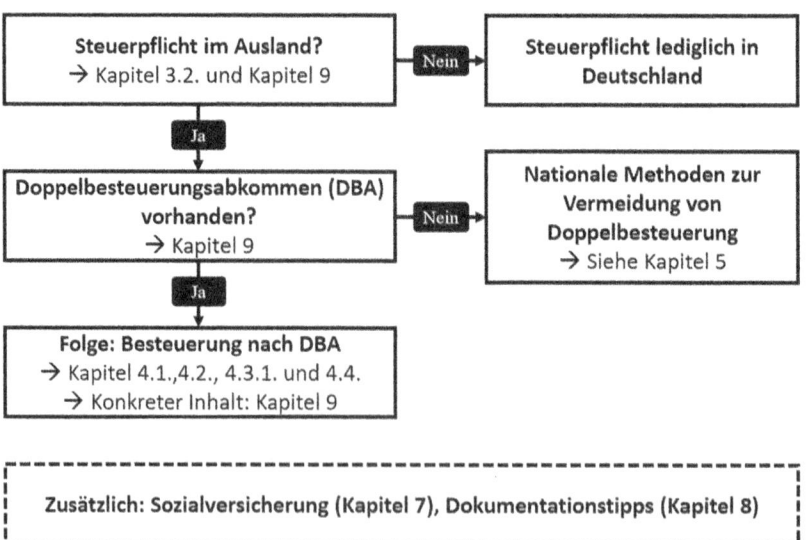

Abb. 1.4 Wie lesen Kapitalgesellschaften, deren Geschäftsführung im ausländischen Homeoffice arbeitet, dieses Buch?

1.2 Wie ist dieses Buch zu lesen? Ein Wegweiser für drei Fallgruppen

Mithilfe von Abschn. 3.2 unter Zuhilfenahme der Länderübersicht in Kap. 9 ist dann zu überprüfen, ob durch die Homeoffice-Tätigkeit der Geschäftsführung im Ausland eine dortige Steuerpflicht existiert. Mitunter kann eine unbeschränkte Steuerpflicht durch den gewechselten Ort der Geschäftsführung entstehen oder eine beschränkte Steuerpflicht in Form einer Betriebsstätte. Die konkreten Regeln zum Entstehen einer Betriebsstätte im Ausland finden sich in Kap. 9. Oft orientieren sich diese Regeln direkt an den Regeln einer Betriebsstätte aus dem OECD-Musterabkommen, welche in 4.3.1 vorgestellt werden.

Besteht jedoch in beiden Ländern eine Steuerpflicht, so ist mithilfe von Kap. 9 zunächst zu prüfen, ob ein Doppelbesteuerungsabkommen (DBA) vorliegt. Ist dies der Fall, so wird das Besteuerungsrecht mithilfe des DBA bestimmt. Hierzu sind zunächst die Abschn. 4.1 und 4.2 zu lesen, die einen Überblick über den gewöhnlichen Aufbau und die Inhalte von DBAs geben, die Deutschland abgeschlossen hat. Für den Fall, dass eine unbeschränkte Steuerpflicht in beiden Ländern gegeben ist, ist insbesondere mit Abschn. 4.2 festzustellen, wo sich der Ort der „tatsächlichen Geschäftsleitung" befindet. Ausgehend davon ist mit Abschn. 4.3.1 dann zu prüfen, ob der nationale steuerliche Anknüpfungspunkt ohne „tatsächliche Geschäftsleitung" auch der Definition einer Betriebsstätte aus dem DBA standhält. Im gleichen Kapitel wird beschrieben, wie bei Vorliegen einer Betriebsstätte der damit erwirtschaftete Gewinn auf das Land aufgeteilt wird. Abschn. 4.4 schließt mit den konkreten Methoden zur Vermeidung der Doppelbesteuerung. Besonderheiten des DBA des jeweiligen Landes mit Deutschland finden sich zudem in Kap. 9.

Liegt kein DBA vor, so wird das ausländische Land auf den mittels des steuerlichen Anknüpfungspunktes erwirtschafteten Gewinn Steuern erheben. Methoden, wie in Deutschland eine Doppelbesteuerung vermieden werden kann, werden in Kap. 5 beschrieben.

Beispiel: Ein Selbstständiger mit Homeoffice auf Mallorca

Ahmed ist Programmierer aus Hamburg. Um sein Geschäft auszuweiten, hat er vor einem Jahr die Quantcode GmbH mit eingetragenem Sitz ebenfalls in Hamburg gegründet, deren Geschäftsführer er ist. Als leidenschaftlicher Bergsteiger hat es Ahmed aber immer schon in die Berge gezogen, weshalb er im März 2020 beschließt, nach Innsbruck zu gehen, wo er bis November 2022 bleibt. Sein Büro in Hamburg gibt er währenddessen auf, mietet es aber direkt nach seiner Rückkehr wieder an. Ahmed hat keine Angestellten, sondern engagiert immer Freelancer auf Projektbasis.

In Abschn. 2.2 erfährt Ahmed, dass die Quantcode GmbH im Jahr 2022 nach wie vor in Deutschland unbeschränkt steuerpflichtig ist. Da er als Geschäftsführer aber den Großteil des Jahres die Leitungsentscheidungen seines Unternehmens von Innsbruck aus trifft, bemerkt er in Abschn. 3.2 sowie 9.20, dass die Quantcode GmbH im Jahr 2022 auch in Österreich unbeschränkt steuerpflichtig ist. Da ein Doppelbesteuerungsabkommen zwischen Deutschland und Österreich vorliegt, überprüft Ahmed zunächst die Ansässigkeit seines Unternehmens mit Abschn. 4.2. Da der Ort der tatsächlichen Geschäftsführung aufgrund seines vornehmlichen Aufenthalts Innsbruck ist, ist die Quantcode GmbH in Österreich ansässig.

Mit Abschn. 4.3.1 widmet sich Ahmed danach zunächst der Frage, ob er während der Zeit in Hamburg im Jahr 2022 eine Betriebsstätte der Quantcode GmbH begründet hat. Dies ist zu bejahen, da sein Büro dort grundsätzlich auf Dauer angelegt war bzw. nach seiner Rückkehr aus Österreich wieder ist. Wie in Abschn. 4.4 beschrieben und in Abschn. 9.20 spezifiziert, muss die Quantcode GmbH als Folge den Gewinn, der auf die deutsche Betriebsstätte entfällt, in Deutschland versteuern. Österreich besteuert zwar das Welteinkommen der Quantcode GmbH, nimmt aber das mit der deutschen Betriebsstätte zu versteuernde Einkommen aus. ◄

Steuerpflicht in Deutschland 2

In diesem Kapitel wird dargelegt, wann bei natürlichen und nicht-natürlichen Personen eine Steuerpflicht im Inland gegeben ist. Mit genauen Prüflisten werden dabei jeweils die Unterschiede und Wirkungsweisen der unbeschränkten und der beschränkten Steuerpflicht erläutert.

2.1 Natürliche Personen

2.1.1 Unbeschränkte Steuerpflicht

Um in den Anwendungsbereich des deutschen Steuerrechts zu kommen, müssen Anknüpfungspunkte gegeben sein, die ein Besteuerungsrecht des deutschen Fiskus begründen. Für natürliche Personen ist das entweder der Wohnsitz gem. § 8 Abgabenordnung (AO) oder der gewöhnliche Aufenthalt gem. § 9 AO im Inland.

Im Wortlaut heißt es dazu in § 1 Abs. 1 Satz 1 Einkommensteuergesetz (EStG):

„Natürliche Personen, die im Inland einen Wohnsitz oder ihren gewöhnlichen Aufenthalt haben, sind unbeschränkt einkommensteuerpflichtig."

Das Einkommensteuergesetz will also immer dann die Einkünfte einer Person im Inland besteuern, wenn diese einen inländischen Anknüpfungspunkt in Form eines Wohnsitzes oder eines gewöhnlichen Aufenthalts hat. Ist dies der Fall, so spricht man von einer „unbeschränkten Steuerpflicht". Als Folge beschränkt sich die Besteuerung dann nicht auf die inländischen Einkünfte dieser Person, vielmehr sind auch alle ausländischen Einkünfte in diese Steuerpflicht miteinzubeziehen (Welteinkommensprinzip). Der Wohnsitz ist nun nach § 8 AO wie folgt definiert:

„Einen Wohnsitz hat jemand dort, wo er eine Wohnung unter Umständen innehat, die darauf schließen lassen, dass er die Wohnung beibehalten und benutzen wird."

Ganz konkret lässt sich dies in drei Tatbestandsmerkmale aufteilen, die allesamt für einen Wohnsitz erfüllt sein müssen:

- Die Wohnung muss zum permanenten Leben geeignet sein. Dies ist bei allen normalen Mietswohnungen der Fall. Fehlen allerdings substanzielle Teile, wie etwa eine Kochgelegenheit oder ein WC, ist dieser Punkt zu verneinen.
- Es muss eine Verfügungsmacht über die Wohnung bestehen. Dies ist in der Regel der Fall, wenn jemand die Wohnungsschlüssel besitzt und die Wohnung jederzeit nutzen kann. Wird hingegen die Wohnung vermietet, so ist dies auszuschließen.
- Die Wohnung muss beibehalten und benutzt werden. Hierzu reicht es aus, mit einer gewissen Regelmäßigkeit – und sei es nur einmal im Jahr – die Wohnung zu nutzen. Eine Mindestnutzdauer gibt es nicht.

Der Gesetzgeber hat mit § 8 AO versucht, ein objektives Merkmal zu schaffen, nach dem das Besteuerungsrecht im Inland erfüllt ist. Auf den persönlichen Willen des Betroffenen kommt es dabei nicht an. So spielt es keine Rolle, ob sich die Person dort melderechtlich angemeldet hat oder eine Wohnung im Sinne des Bundesmeldegesetzes vorliegt. Verfügt eine natürliche Person über mehrere Wohnsitze, ist eine deutsche Steuerpflicht gegeben, wenn ein Wohnsitz sich im Inland befindet, auch wenn der Lebensmittelpunkt sich im Ausland befindet. Bei Ehegatten wird – widerlegbar – davon ausgegangen, dass der jeweilige Ehepartner die Wohnung des anderen Ehepartners nutzen kann.

Beispiel: Begründung und Aufgabe des Wohnsitzes

Sophia ist Ingenieurin aus Leipzig und möchte nach San Francisco ziehen, da sie im Silicon Valley auf spannende Jobs hofft. Als sie im Februar 2022 in die USA zieht, behält sie ihre voll eingerichtete Wohnung in Leipzig bei und vermietet diese nicht. Sie kehrt einmal im Jahr über die Weihnachtsferien in die Wohnung zurück, um ihre Familie und Freunde in Leipzig zu besuchen.

Folge: Sophia hat einen Wohnsitz in Deutschland und ist damit unbeschränkt in Deutschland einkommensteuerpflichtig. Ein Wohnsitz wäre ausgeschlossen, wenn Sophia die Wohnung etwa vermieten würde, da sie so die Verfügungsmacht über die Wohnung verlieren würde. ◄

2.1 Natürliche Personen

Der weitere Anknüpfungspunkt zur Begründung der unbeschränkten Steuerpflicht im Inland ist der gewöhnliche Aufenthalt. Diesen definiert § 9 AO wie folgt:

„Den gewöhnlichen Aufenthalt hat jemand dort, wo er sich unter Umständen aufhält, die erkennen lassen, dass er an diesem Ort oder in diesem Gebiet nicht nur vorübergehend verweilt. Als gewöhnlicher Aufenthalt im Geltungsbereich dieses Gesetzes ist stets und von Beginn an ein zeitlich zusammenhängender Aufenthalt von mehr als sechs Monaten Dauer anzusehen; ..."

Auch der gewöhnliche Aufenthalt lässt sich nun wieder in drei Tatbestandsmerkmale aufteilen, die allesamt erfüllt sein müssen:

- Zusammenhängender Aufenthalt in Deutschland von 183 Tagen oder mehr, der im betreffenden Steuerjahr aufhört (rollierendes Jahr). Das heißt, die 183-Tage-Regel wird immer in Bezug auf die letzten 365 Tage überprüft.
- Der Aufenthalt dient nicht lediglich privaten Zwecken, zum Beispiel der Erholung. Ausgeschlossen wäre auch der Aufenthalt zwecks einer längeren medizinischen Behandlung.
- Kurzfristige Unterbrechungen führen nicht zu einer Unterbrechung des Aufenthalts. Was als kurzfristig anzusehen ist, war oft Gegenstand der Rechtsprechung. Wichtig ist bei Unterbrechungen, dass objektive Umstände vorliegen, die für einen Fortbestand des Aufenthalts nach den Unterbrechungen und einen Zusammenhang sprechen. Für die Qualifikation der Unterbrechung ist es also entscheidend, ob ein einheitlicher Aufenthalt oder mehrere getrennte Aufenthalte vorliegen. Ein gewöhnlicher Aufenthalt im Sinne von § 9 AO liegt vor, wenn der Aufenthalt fortgesetzt werden soll und die Unterbrechungen kurzfristig sind. Kurzfristig in diesem Sinne sind immer Jahresurlaube, Familienheimfahrten, Krankheitsaufenthalte und Geschäftsreisen.

Beispiel: Gewöhnlicher Aufenthalt

Elisa ist schon vor längerer Zeit nach Kanada ausgewandert, wo sie als Unternehmensberaterin arbeitet. In 2022 bekommt sie den Auftrag für ein großes Beratungsprojekt eines Heidelberger Industriebetriebs, der nach Kanada auswandern möchte und ihre Expertise schätzt. Elisa ist vom 1. Februar 2022 bis 30. August 2022 (211 Tage, inklusive des Abreisetags) in Heidelberg, wechselt aber immer ihre Hotels, um keinen Wohnsitz zu begründen. Im Mai und im Juli fährt sie jeweils für drei Wochen in den Urlaub nach Dänemark (insgesamt 42 Tage).

Folge: Die Urlaube gelten lediglich als kurzfristige Unterbrechungen und sind für die Ermittlung des Aufenthalts unerheblich. Die Rechnung, dass Elisa also nur 169 Tage in Deutschland verbringt (= 211 − 42), geht nicht auf, Elisa hat in 2022 einen gewöhnlichen Aufenthalt in Deutschland und ist hier unbeschränkt steuerpflichtig. ◄

Beispiel: Gewöhnlicher Aufenthalt – Rollierendes Jahr

Mario war das gesamte Jahr 2021 in Deutschland, möchte aber in 2022 zum Arbeiten nach China. Er gibt bereits zum 31. Dezember 2021 seine Wohnung auf, bleibt dann aber noch den gesamten Januar bei seinen Eltern in Berlin, um sich ausgiebig zu verabschieden.

Folge: Mario hat einen Aufenthalt von mehr als 183 Tagen in Deutschland, der im betreffenden Steuerjahr 2022 endet. Damit ist Mario 2022 in Deutschland unbeschränkt steuerpflichtig. ◄

Anders als beim Wohnsitz braucht man beim gewöhnlichen Aufenthalt keine eigene Wohnung (oder Haus). Für die Begründung eines gewöhnlichen Aufenthalts wird wie beim Wohnsitz auf die objektiven Umstände beim Steuerpflichtigen abgestellt, auf seinen persönlichen Willen kommt es auch hier nicht hauptsächlich an. Lediglich ein länger als 183 Tage geplanter, aber dann aufgrund bestimmter Umstände kürzer ausfallender Aufenthalt kann auch zu einem gewöhnlichen Aufenthalt führen.

Während man, wie oben gezeigt, über mehrere Wohnsitze verfügen kann, ist es nur möglich, einen gewöhnlichen Aufenthalt zu haben. Dies hat zur Folge, dass man mit der Begründung eines gewöhnlichen Aufenthalts automatisch den vorherigen aufgibt. Sehr wohl kann man aber neben einem oder mehreren Wohnsitzen einen gewöhnlichen Aufenthalt haben. Für die Begründung eines gewöhnlichen Aufenthalts sind regelmäßige Übernachtungen im Inland erforderlich. Arbeitnehmerinnen und Arbeitnehmer, die arbeitstäglich ins Inland zur Verrichtung ihrer Arbeit einpendeln, nach Dienstschluss aber zu ihrem ausländischen Wohnort zurückkehren, begründen daher keinen gewöhnlichen Aufenthalt in Deutschland. Kehrt die Arbeitnehmerin oder der Arbeitnehmer jedoch nur an den Wochenenden zum Wohnort ins Ausland zurück, begründet er einen gewöhnlichen Aufenthalt im Inland.

Was für die Begründung eines Wohnsitzes bzw. eines gewöhnlichen Aufenthalts gilt, ist analog für dessen Aufgabe maßgebend. Liegen die objektiven Merkmale eines Wohnsitzes bzw. eines gewöhnlichen Aufenthalts nicht mehr vor, gilt dieser als aufgegeben, die betreffende Person ist sodann nicht mehr unbeschränkt einkommensteuerpflichtig. Was auf den ersten Blick recht vorteilhaft aussieht, kann

2.1 Natürliche Personen

aber weitreichende negative steuerliche Folgen haben – etwa die Wegzugsbesteuerung nach § 6 Außensteuergesetz (AStG).
Konkret betrifft die Wegzugsbesteuerung Personen, bei denen die folgenden Merkmale allesamt erfüllt sind:

- Person verliert in einem Jahr seine unbeschränkte Steuerpflicht in Deutschland.
- Person ist Gesellschafter einer in- oder ausländischen Kapitalgesellschaft mit 1 % oder mehr Beteiligung.
- Person war innerhalb der letzten zwölf Jahre mindestens sieben Jahre unbeschränkt in Deutschland steuerpflichtig.

Liegen diese Voraussetzungen vor, so gelten die Anteile an der Kapitalgesellschaft fiktiv als zum Zeitpunkt des Wegzugs zum gemeinen Wert – damit ist der Marktwert gemeint – verkauft. Die Person muss dementsprechend die „stillen Reserven" – den Unterschied zwischen dem Marktwert der Anteile und dem ursprünglich dafür bezahlten Preis – in Deutschland versteuern. Die zinslose Steuerstundung, die es früher hierfür bei einem Wegzug in ein EU-Land bzw. ein Land des europäischen Wirtschaftsraums (EWR) gab, gilt nicht mehr. Einen Ausweg allerdings gibt es: Wird die Person in den sieben darauffolgenden Jahren wieder in Deutschland unbeschränkt steuerpflichtig und hat die Anteile bis dahin nicht verkauft, entfällt die Wegzugsbesteuerung.

Beispiel: Wegzugsbesteuerung

Günseli ist vor zehn Jahren aus der Türkei nach Deutschland eingewandert und hat seitdem ihren alleinigen Wohnsitz und gewöhnlichen Aufenthalt in Magdeburg. Günseli ist Pharmazeutin und hat sich nach drei Jahren als Angestellte der Biopharmtech GmbH einen 5-%-Anteil der Firma gesichert, wofür sie 2018 50.000 € bezahlt hat. 2021 wird ihr Vater in der Türkei schwer krank und sie beschließt, am 31. Dezember 2021 zurück in die Türkei zu ziehen, um ihre Familie zu unterstützen. Da die Biopharmtech GmbH im letzten Jahr einen bedeutenden Durchbruch bei einem Krebsmedikament verzeichnen konnte, ist ihr Anteil an der Firma nun 150.000 € wert.

Folge: Aufgrund der Wegzugsbesteuerung nach § 6 AStG muss Günseli die stillen Reserven ihrer Beteiligung an der Biopharmtech GmbH in Höhe von 100.000 € (= 150.000 € minus 50.000 €) bei ihrem Wegzug in die Türkei versteuern. Zieht Günseli allerdings innerhalb von sieben Jahren zurück nach Deutschland und begründet wieder eine unbeschränkte Steuerpflicht, so entfällt die Wegzugsbesteuerung. ◄

Hat eine natürliche Person entweder einen Wohnsitz oder einen gewöhnlichen Aufenthalt im Inland, so hat sie gem. § 2 Abs. 1 EStG ihre gesamten Einkünfte aus den folgenden Einkunftsarten der deutschen Einkommensteuer zu unterwerfen:

1. Einkünfte aus Land- und Forstwirtschaft,
2. Einkünfte aus Gewerbebetrieb,
3. Einkünfte aus selbstständiger Arbeit,
4. Einkünfte aus nichtselbstständiger Arbeit,
5. Einkünfte aus Kapitalvermögen,
6. Einkünfte aus Vermietung und Verpachtung,
7. Sonstige Einkünfte im Sinne des § 22.

Diese Auflistung ist abschließend, d. h., ist eine Einkunftsquelle nicht in den Einkunftsarten enthalten, kann der deutsche Staat sie nicht besteuern. Der die sonstigen Einkünfte regelnde § 22 EStG ist nicht als Auffangvorschrift zu verstehen, um all die Einkunftsquellen zu erfassen, die nicht durch die anderen sechs Einkunftsarten abgedeckt sind. Vielmehr definiert § 22 EStG abschließend die Einkunftsquellen, die als sonstige Einkünfte zu versteuern sind. Da z. B. Lottogewinne nicht in § 22 EStG genannt sind, werden diese in Deutschland – anders als teilweise im Ausland – nicht besteuert, obwohl sie zweifelsohne die wirtschaftliche Leistungsfähigkeit erhöhen. Gleiches gilt für eine Person, die etwa Kryptowährungen wie Bitcoin länger als ein Jahr hält und dann verkauft.

2.1.2 Beschränkte Steuerpflicht

Hat eine natürliche Person weder einen Wohnsitz noch einen gewöhnlichen Aufenthalt im Inland, dürfte sich das deutsche Einkommensteuerrecht für diese eigentlich nicht interessieren, es besteht ja zunächst kein Anknüpfungspunkt für eine Steuerpflicht, zumindest nicht für eine unbeschränkte. Um dies zu vermeiden, hat das Einkommensteuergesetz noch einen weiteren Steuerpflichtigen ins Leben gerufen, der in § 1 Abs. 4 EStG definiert ist: den beschränkt Steuerpflichtigen.

§ 1 Abs. 4 EStG lautet:

„Natürliche Personen, die im Inland weder einen Wohnsitz noch ihren gewöhnlichen Aufenthalt haben, sind vorbehaltlich der Absätze 2 und 3 und des § 1a beschränkt einkommensteuerpflichtig, wenn sie inländische Einkünfte im Sinne des § 49 haben."

Personen, die nicht im Inland leben oder sich dort aufhalten, können also dennoch im Inland steuerpflichtig sein. Anknüpfungspunkt für den beschränkt Steuerpflichtigen

2.1 Natürliche Personen

sind inländische Einkünfte, die diese Person hat. Welche Einkünfte der beschränkten Steuerpflicht unterliegen, ist – abschließend – in § 49 EStG geregelt. Beim Lesen der Vorschrift erkennt man rasch, dass sie sich an den in § 2 Abs. 1 EStG genannten sieben Einkunftsarten orientiert und in den einzelnen Einkunftsarten die inländischen Anknüpfungsmerkmale festlegt. Dem oben erwähnten Territorialprinzip folgend regelt der deutsche Steuergesetzgeber, dass z. B. Land- und Forstwirtschaften sowie Vermietungsobjekte dann besteuert werden, wenn sie im Inland belegen sind (Belegenheitsprinzip). Für die gewerblichen Einkünfte wird ein deutsches Besteuerungsrecht dann geschaffen, wenn diese in einer inländischen Betriebsstätte (mehr dazu in Abschn. 2.2.2) erzielt werden (Betriebsstättenprinzip). Lohneinkünfte sind im Inland zu besteuern, wenn die Tätigkeit im Inland ausgeführt wird (Tätigkeitsprinzip).

Beispiel: Beschränkte Steuerpflicht – Lohneinkünfte

Emil ist vor mehreren Jahren nach Serbien ausgewandert, hat keine Wohnung mehr in Deutschland und kommt lediglich an Weihnachten zurück, um seine Eltern zu besuchen. Als gelernter Feinmechaniker ist er jedoch begeistert, als ihm ein deutscher Uhrenhersteller einen dreimonatigen Werkvertrag in Deutschland anbietet, wofür er von Mai bis Juli 2022 nach Deutschland kommt. Den Rest des Jahres hält er sich, mit Ausnahme von Weihnachten, in Serbien auf und unterhält auch sonst keine Wohnung in Deutschland.

Folge: Emil ist mit seinen Einkünften für die Tätigkeit beim deutschen Uhrenhersteller beschränkt in Deutschland steuerpflichtig. Die Einkünfte, die Emil in Serbien erwirtschaftet, sind nicht in Deutschland steuerpflichtig. ◄

Beispiel: Beschränkte Steuerpflicht – Vermietung und Verpachtung

Irene ist vor mehreren Jahren nach Thailand ausgewandert und kommt lediglich unregelmäßig zurück, um ihre Familie zu sehen. Sie besitzt aus einer Erbschaft eine Wohnung in Saarbrücken, die sie vermietet.

Folge: Irene ist mit ihrem Einkommen aus Vermietung der Wohnung in Saarbrücken in Deutschland beschränkt steuerpflichtig. Die Einkünfte, die Irene in Thailand erwirtschaftet, sind in Deutschland nicht steuerpflichtig. ◄

Unter bestimmten Voraussetzungen – etwa dass 90 % oder mehr des Einkommens in Deutschland erzielt wird – kann ein beschränkt Steuerpflichtiger für unbeschränkte Steuerpflicht gem. § 1 Abs. 3 EStG optieren und damit wiederum mit dem Welteinkommen in Deutschland steuerpflichtig sein. Aber warum sollte er das tun? Zwar muss der beschränkt Steuerpflichtige nur seine inländischen Einkünfte versteuern, aber § 50 EStG hält eine Vielzahl von Sondervorschriften für beschränkt Steuerpflichtige vor. Unter anderem können beschränkt Steuerpflichtige keine Vorsorgeaufwendungen und keine außergewöhnlichen Belastungen geltend machen. Um in den Genuss des Abzugs zu kommen, lohnt eventuell die Option der unbeschränkten Steuerpflicht. Auch die Zusammenveranlagung von Ehegatten ist nur bei Vorliegen der unbeschränkten Steuerpflicht möglich.

2.2 Kapitalgesellschaften

2.2.1 Unbeschränkte Steuerpflicht

Da juristische Personen wie insbesondere GmbHs und AGs keinen Wohnsitz oder gewöhnlichen Aufenthalt haben, muss für diese ein anderer Anknüpfungspunkt zur Begründung der unbeschränkten Steuerpflicht geschaffen werden. § 1 Abs. 1 KStG führt dazu aus:

„Unbeschränkt körperschaftsteuerpflichtig sind die folgenden Körperschaften, Personenvereinigungen und Vermögensmassen, die ihre Geschäftsleitung oder ihren Sitz im Inland haben:

1. Kapitalgesellschaften (insbesondere Europäische Gesellschaften, Aktiengesellschaften, Kommanditgesellschaften auf Aktien, Gesellschaften mit beschränkter Haftung) einschließlich optierender Gesellschaften im Sinne des § 1a; ..."

Für die in § 1 Abs. 1 KStG genannten Steuerpflichtigen wird also auf die Geschäftsleitung oder den Sitz zur Begründung der unbeschränkten Steuerpflicht abgestellt. Die Folge der unbeschränkten Steuerpflicht ist, dass die Gesellschaft mit sämtlichen Einkünften der deutschen Körperschaftsteuer und gegebenenfalls der kommunal zu erhebenden Gewerbesteuer unterliegt (§ 1 Abs. 2 KStG). Auch hier gilt das Welteinkommensprinzip.

Diese Vorschrift gilt für Personengesellschaften nicht in direkter Form, da diese nach dem Verständnis des deutschen Steuerrechts „transparent" sind – Steuersubjekt sind die hinter der Personengesellschaft stehenden Personen, nicht die Gesellschaft selbst. Indirekt kann daraus auf die Steuerpflicht der Beteiligten an der Personengesellschaft geschlossen werden.

Die Geschäftsleitung ist in § 10 AO definiert:

„Die Geschäftsleitung ist der Mittelpunkt der geschäftlichen Oberleitung."

2.2 Kapitalgesellschaften

Es fällt auf, dass diese Vorschrift etwas aus der Zeit gefallen ist. Bei ihrer Formulierung ging man davon aus, dass es einen Ort gibt, an dem der maßgebliche geschäftliche Wille von einiger Wichtigkeit angeordnet wird. Es soll der Ort sein, an dem die zur Vertretung befugten Personen ihre obliegende Geschäftsführungstätigkeit entfalten. Dabei ist das Tagesgeschäft gemeint, welches diese Personen ohne Zustimmung der Gesellschafter erledigen dürfen. Sonder- oder Einzelentscheidungen, die von den Gesellschaftern (mit-)zutragen sind, sind hierfür nicht maßgeblich. Wo das Tagesgeschäft ausgeführt wird, ist für die Bestimmung des Ortes der Geschäftsleitung nicht maßgeblich.

Es gibt nur einen Ort der Geschäftsleitung. Er ist dort, wo die nach Gesetz oder Gesellschaftsvertrag zur Geschäftsführung befugten Personen die tatsächlichen organisatorischen und rechtsgeschäftlichen Handlungen vornehmen. Sollten mehrere Orte der Geschäftsleitung in Frage kommen, ist auf den Ort der geschäftlichen Oberleitung abzustellen, also jenen Ort, an dem die kaufmännisch leitenden Entscheidungen für eine Kapitalgesellschaft getroffen werden. An den Ort selbst sind keine Anforderungen gestellt. Es kann sich um die (Ferien-)Wohnung des Geschäftsführers, um ein Baubüro, eine Berghütte, aber auch um ein Verwaltungsgebäude handeln.

Beispiel: Verlagerung der Geschäftsleitung ins Inland

Jim ist Unternehmer aus Leeds im Vereinigten Königreich und alleiniger Geschäftsführer der Plasmaglow Limited, einer britischen Kapitalgesellschaft mit Sitz in Leeds. Jims Frau Sarah kommt aus Schleswig-Holstein und hat den sehnlichen Wunsch, näher bei ihrer Familie zu wohnen. Im Januar 2022 ziehen die beiden daher nach Kiel und bleiben dort den Rest des Jahres. Jim arbeitet von dort aus weiter als Geschäftsführer der Plasmaglow Limited.

Folge: Jims Tätigkeit als Geschäftsführer von Kiel aus begründet einen Ort der Geschäftsleitung, womit die Plasmaglow Limited in Deutschland unbeschränkt steuerpflichtig wird. ◄

Weiterer Anknüpfungspunkt für die unbeschränkte Steuerpflicht im Inland nach § 1 Abs. 1 KStG ist der Sitz gem. § 11 AO:

„Den Sitz hat eine Körperschaft, Personenvereinigung oder Vermögensmasse an dem Ort, der durch Gesetz, Gesellschaftsvertrag, Satzung, Stiftungsgeschäft oder dergleichen bestimmt ist."

Während es bei der Bestimmung des Ortes der Geschäftsleitung durchaus Auslegungsmöglichkeiten gibt, ist der Sitz in der Regel sehr einfach feststellbar. Dieser befindet sich im Inland, wenn dies im Gesellschaftsvertrag, im Gesetz oder in der

Satzung so vorgesehen ist. Regelmäßig wird dies zusätzlich durch Eintragung in entsprechende Register (Handelsregister, Genossenschaftsregister, Berufsregister ...) dokumentiert.

Zu beachten ist, dass für die Begründung der unbeschränkten inländischen Steuerpflicht entweder der Ort der Geschäftsleitung oder der Sitz im Inland sein muss. Das heißt, selbst wenn die Geschäftsführung ins Ausland wechselt, kann eine Kapitalgesellschaft nach wie vor ihren Sitz und damit eine unbeschränkte Steuerpflicht in Deutschland haben. Dann ist allerdings zu prüfen, ob auch eine Steuerpflicht im Ausland für die Kapitalgesellschaft entsteht (mehr dazu in Abschn. 3.2 sowie in den Länderkapiteln).

Beispiel: Sitz im Inland auch bei Ort der Geschäftsleitung im Ausland

Melinda ist Geschäftsführerin der Essdichfit AG, die sich auf den Vertrieb von Sportnahrung spezialisiert hat. Im Handelsregister hat die Essdichfit AG ihren Sitz in Berlin eingetragen. Melinda zieht nun im Januar 2022 nach Krakau und arbeitet von dort aus weiter als Geschäftsführerin.

Folge: Da die Essdichfit AG nach wie vor ihren Sitz in Berlin hat, bleibt sie in Deutschland unbeschränkt steuerpflichtig. Es ist aber zu prüfen, ob auch eine Steuerpflicht im Ausland (Abschn. 3.2, für Polen: Abschn. 9.21) entsteht. ◄

Neben der in Abschn. 2.1.1 beschriebenen Wegzugsbesteuerung kann eine Verlegung des Orts der Geschäftsleitung eine weitere negative Konsequenz für die Gesellschaft mit sich führen – die sogenannte Entstrickungsbesteuerung nach § 12 KStG (bzw. § 4 Abs. 1 Satz 3 und 4 EstG für Personengesellschaften). Für bei der Verlegung mitgenommene und dementsprechend der deutschen Besteuerung entzogene Wirtschaftsgüter müssen dann die sogenannten „stillen Reserven" – der Unterschiedsbetrag zwischen Marktwert und Buchwert – aufgedeckt und versteuert werden. Problematisch wird dies insbesondere bei selbst erstellten immateriellen Wirtschaftsgütern wie Patenten, Lizenzen oder Marken, da bei diesen oft der volle Marktwert nachversteuert werden muss. Nach einem Schreiben des Bundesministeriums der Finanzen werden immaterielle Vermögensgegenstände zudem immer dem Ort der Geschäftsleitung zugerechnet.

2.2.2 Beschränkte Steuerpflicht

Ähnlich wie bei natürlichen Personen, die im Inland weder Wohnsitz noch gewöhnlichen Aufenthalt haben, will auch das Körperschaftsteuergesetz Gesellschaften, die weder einen Ort der Geschäftsleitung noch einen Sitz im Inland haben, nicht einfach steuerlich ziehen lassen. Darum wird über § 2 KStG auch für die juristischen Personen ein Anknüpfungspunkt über die Einkünfte geschaffen:

2.2 Kapitalgesellschaften

„Beschränkt körperschaftsteuerpflichtig sind

1. Körperschaften, Personenvereinigungen und Vermögensmassen, die weder ihre Geschäftsleitung noch ihren Sitz im Inland haben, mit ihren inländischen Einkünften ..."

Das Körperschaftsteuergesetz enthält keine eigenen Regelungen, welche Einkünfte im Einzelnen der deutschen beschränkten Steuerpflicht unterliegen. Über § 8 Abs. 1 KStG wird auf § 49 EStG verwiesen, in dieser Vorschrift sind abschließend die Einkünfte genannt, die beschränkt Steuerpflichtige im Inland versteuern müssen. Für die Gesellschaften in der Praxis die relevanteste Einkunftsart ist die aus Gewerbebetrieb gem. § 49 Abs. 1 Nr. 2a EStG:

„Inländische Einkünfte im Sinne der beschränkten Einkommensteuerpflicht (§ 1 Absatz 4) sind ...

2. Einkünfte aus Gewerbebetrieb (§§ 15 bis 17),

a) für den im Inland eine Betriebsstätte unterhalten wird oder ein ständiger Vertreter bestellt ist ..."

Der deutsche Steuerstaat besteuert also Unternehmensgewinne von ausländischen Steuerpflichtigen, wenn diese im Inland generiert werden. Dafür ergeben sich zwei mögliche Anknüpfungspunkte, die beide jeweils zu einer beschränkten Steuerpflicht in Deutschland führen:

- Für die Einkünfte im Inland wird eine Betriebsstätte unterhalten.
- Für die Einkünfte im Inland ist ein ständiger Vertreter bestellt.

Zur Definition dieser Begriffe wird wieder auf die Abgabenordnung (AO) verwiesen. § 12 AO definiert nach nationalem Recht die Betriebsstätte wie folgt:

„Betriebsstätte ist jede feste Geschäftseinrichtung oder Anlage, die der Tätigkeit eines Unternehmens dient."

Zerlegt man diesen Satz in einzelne Anforderungen, so hat eine ausländische Kapitalgesellschaft eine Betriebsstätte, wenn die folgenden Voraussetzungen zusammen erfüllt sind:

- Das Unternehmen hat eine feste Geschäftseinrichtung in Deutschland. Das Adjektiv „fest" ist sowohl räumlich als auch zeitlich zu verstehen. Räumlich ist damit jede mit der Erdoberfläche fest verbundene Einrichtung, also z. B. ein Büro, eine

Fabrik, eine Stromleitung, nicht aber ein fahrender Verkaufsstand zu verstehen. Im zeitlichen Sinne ist damit gemeint, dass die Einrichtung auf eine bestimmte Dauer oder Regelmäßigkeit angelegt ist. Ein Messestand, der jedes Jahr für wenige Wochen aufgebaut wird, kann daher auch eine Betriebsstätte begründen.

- Das Unternehmen hat die Verfügungsmacht über die Einrichtung. Dies ist in der Regel gegeben, wenn das Unternehmen über die Schlüssel zu einer Einrichtung verfügt und Vertreter des Unternehmens diese jederzeit aufsuchen können.
- Die Einrichtung muss dem Unternehmen dienlich sein. Das ist recht weit auslegbar. Der bloße Besitz eines Gebäudes führt aber nicht zu einer Betriebsstätte.

Beispiel: Betriebsstätte

Manuela ist selbstständige PR-Beraterin und wohnt schon seit mehreren Jahren in Zürich. Sie stammt ursprünglich aus Freiburg, wo auch ihre Eltern wohnen. Zum Anfang ihrer Karriere hatte sie sich im zentral in Freiburg gelegenen Haus der Eltern einen Büroraum eingerichtet und außen am Haus ein Reklameschild für ihre Agentur angebracht. Den Büroraum behält Manuela auch seit ihrem Umzug nach Zürich bei und zahlt ihren Eltern einen geringen Unkostenbeitrag hierfür. Aufgrund der geografischen Nähe und da sie noch viele Kunden in ihrer alten Heimat hat, kommt Manuela einmal im Monat in ihr altes Büro und hält dort Meetings mit Kunden ab. Da sie einen Schlüssel zum Haus hat, muss sie sich dafür nicht mit ihren Eltern abstimmen.

Folge: Manuela hat eine Betriebsstätte in Deutschland, deren Gewinn hier besteuert werden muss. ◂

Ein Homeoffice aus einer überwiegend privat genutzten Wohnung führt nach deutscher Rechtsprechung in der Regel nicht zu einer Betriebsstätte. Entscheidend für eine Betriebsstätte wäre hierbei, ob eine nach außen hin erkennbare Widmung für den Publikumsverkehr vorliegt. Betriebsstätten können im Ausland, wie in Abschn. 3.2 sowie Kap. 9 gezeigt wird, höchst unterschiedliche Erscheinungsformen haben. Oft folgen diese der Definition einer Betriebsstätte aus dem OECD-Musterabkommen, welches wir in Abschn. 4.3.1 vorstellen. Die deutsche Definition einer Betriebsstätte unterscheidet sich hiervon insbesondere dadurch, dass keine Negativliste besteht, mit der reine Hilfstätigkeiten wie Lagerung oder Verkauf zu keiner Betriebsstätte führen.

§ 13 AO verrät, was der Gesetzgeber unter einem ständigen Vertreter, dem zweiten möglichen Anknüpfungspunkt für eine beschränkte Steuerpflicht ausländischer Kapitalgesellschaften, versteht:

2.2 Kapitalgesellschaften

„Ständiger Vertreter ist eine Person, die nachhaltig die Geschäfte eines Unternehmens besorgt und dabei dessen Sachweisungen unterliegt."

Auch diese Legaldefinition lässt sich wieder in insbesondere zwei Anforderungen zerlegen, die beide erfüllt sein müssen:

- Der ständige Vertreter muss nachhaltig in Deutschland präsent sein. Es muss also eine gewisse Regelmäßigkeit der Repräsentanz vorliegen, sodass im Gesamtbild von einer ständigen Vertretung in Deutschland ausgegangen werden kann. Ein Wohnsitz oder ein gewöhnlicher Aufenthalt des ständigen Vertreters muss aber nicht vorliegen.
- Der ständige Vertreter muss dem Unternehmen gegenüber weisungsgebunden sein. Das vertretene Unternehmen muss dem Vertreter daher Sachweisungen geben können, die dieser zu befolgen hat. Der ständige Vertreter muss allerdings nicht Angestellter des Unternehmens, sondern kann auch inländischer Gewerbetreibender sein.

Beispiel: Ständiger Vertreter

Martin ist freischaffender Künstler und wohnt seit mehreren Jahren auf der Kanaren-Insel La Gomera. Seine Eltern stammen aus Chemnitz und sind bereits beide pensioniert. Martins Mutter Alina ist sehr kunstinteressiert und möchte ihren Sohn bei dem Verkauf seiner Kunstwerke unterstützen. Sie lässt sich daher regelmäßig von Martin bemalte Töpfe und Vasen schicken, die sie dann unter Martins Namen auf Kunstmärkten in Deutschland, die Martin auswählt, verkauft. Den Gewinn aus dem Verkauf teilen sich Martin und seine Mutter Alina.

Folge: Martins Mutter Alina ist als ständige Vertreterin Martins einzustufen, weshalb Martin den Gewinn aus dem Verkauf seiner Kunst von Alina in Deutschland zu versteuern hat. ◄

Wichtig ist an dieser Stelle auch zu bemerken, dass die Unternehmerin bzw. der Unternehmer selbst nicht Vertreter sein können. Bei Vorliegen einer Voraussetzung – Betriebsstätte oder ständiger Vertreter – besteht eine beschränkte Steuerpflicht im Inland für diese Einkünfte. Der Beginn der Steuerpflicht liegt meist mit der Aufnahme der Tätigkeit vor, das können auch vorbereitende Tätigkeiten sein. In der Praxis kommt es oft zu anfänglichen Verlusten, die genauso wie die Gewinne vom inländischen Körperschaftsteuerrecht erfasst werden.

Steuerpflicht im Ausland 3

Dieses Kapitel gibt einen Überblick über die wichtigsten Eckdaten, die zu einer Steuerpflicht im Ausland führen. Ziel ist es dabei auch, Sie für Besonderheiten der Steuerpflicht einzelner Länder zu sensibilisieren. Mit Beispielen aus unserer Länderübersicht in Kap. 9 gehen wir sowohl auf die Steuerpflicht natürlicher Personen als auch von Unternehmen ein.

3.1 Natürliche Personen

Unbeschränkte Steuerpflicht
Der häufigste Anknüpfungspunkt für eine unbeschränkte Steuerpflicht natürlicher Personen im Ausland ist die Aufenthaltsdauer. Jedes der in Kap. 9 behandelten Länder hat hierzu eine Regelung. Während viele dieser Regelungen allerdings auf den ersten Blick gleich aussehen, da sie oft auf einen Aufenthalt von 183 Tagen abstellen (kürzere Aufenthaltsdauern gibt es auch, z. B. in der Schweiz und Indien), bestehen hierbei gravierende Unterschiede. Unterschiedlich gehandhabt wird insbesondere, in welchem Zeitraum der Aufenthalt von 183 Tagen vorliegen muss. Bezogen wird sich dabei unter anderem auf:

- das Kalenderjahr,
- das Steuerjahr im Land,
- einen Zeitraum von zwölf Monaten, der im jeweiligen Steuerjahr anfängt oder aufhört.

Das Kalenderjahr ist am einfachsten erklärt: Verbringt jemand 183 Tage im Zeitraum vom 01.01. bis 31.12. eines Jahres in einem Land, so ist sie bzw. er steuerpflichtig.

Das Steuerjahr ist hingegen spezieller: Bei einigen Ländern weicht nämlich das Steuerjahr, also der Zeitraum, auf den die Einkommensteuerberechnung entfällt, vom Kalenderjahr ab. Von den Ländern in Kap. 9 ist dies bei Australien, Indien, Neuseeland und dem Vereinigten Königreich (UK) der Fall, darüber hinaus etwa bei Pakistan und Südafrika. In UK beginnt etwa das Steuerjahr am 06.04. eines Jahres und endet am 05.04. des Folgejahres, ein Aufenthalt von 183 Tagen in diesem Zeitraum führt daher zu einer unbeschränkten Steuerpflicht.

Eine weitere Möglichkeit, die dem gewöhnlichen Aufenthalt in Deutschland ähnelt, ist, dass der Aufenthalt innerhalb eines Zeitraums von zwölf Monaten, der im jeweiligen Steuerjahr anfängt oder aufhört, berechnet wird. Für den üblicheren Fall, dass das Steuerjahr dem Kalenderjahr gleicht, wäre beispielsweise dann eine unbeschränkte Steuerpflicht in 2022 gegeben, wenn sich eine Person vom 01.11.2021 bis 15.05.2022 im Land aufhält – obwohl der Aufenthalt in 2022 selbst keine 183 Tage umfasst.

Beispiel: Berechnung der Aufenthaltsdauer – zugrunde liegendes Jahr

Aylin ist Programmiererin und macht Homeoffice in Bristol im Vereinigten Königreich. Sie bleibt dort vom 1. Januar bis 15. Juli 2021 und war weder im Jahr davor noch danach im Vereinigten Königreich.

Folge: Da das Steuerjahr im Vereinigten Königreich erst am 06.04. eines Jahres anfängt, verbringt Aylin weniger als 183 Tage in England, es fällt keine unbeschränkte Steuerpflicht an. ◄

Ein weiterer essenzieller Unterschied zur Berechnung der 183-Tage-Aufenthaltsgrenze ist die Frage, ob diese Tage kontinuierlich oder mit Unterbrechungen in einem Land verbracht werden müssen. Kurze Unterbrechungen – etwa für einen privaten Urlaub – sind in allen in Kap. 9 aufgeführten Ländern unerheblich und unterbrechen die Zählung der Tage nicht. Die meisten Länder in Kap. 9 stellen tatsächlich – im Gegensatz zu Deutschland, aber z. B. auch Dänemark – auf einen aggregierten und nicht etwa einen kontinuierlichen Aufenthalt ab. Die 183-Tage-Grenze wird daher meist auch erreicht, wenn z. B. drei getrennte Aufenthalte von je 65 Tagen innerhalb eines (Steuer-)Jahres bzw. einer Zwölf-Monats-Periode vorliegen.

3.1 Natürliche Personen

> **Beispiel: Berechnung der Aufenthaltsdauer – zusammenhängend oder mit Unterbrechung**
>
> Marc ist freier Autor und schreibt sein aktuelles Buch in Toronto in Kanada. Er bleibt dort vom 1. Januar bis 28. Februar 2021 (59 Tage) und kehrt dann bis Ende März nach Deutschland zurück, um auch dort weiterzuschreiben. Dann kehrt er noch einmal vom 1. Mai bis 30. Juni (61 Tage) sowie vom 1. September bis 15. November (76 Tage) nach Toronto zurück.
>
> Folge: Marcs Aufenthalt in Kanada beträgt in 2021 insgesamt 196 Tage, damit ist er in 2021 unbeschränkt in Kanada steuerpflichtig.
>
> Abwandlung: Hätte Marc sein Werk zur selben Zeit in Dänemark verfasst, wäre er dort nicht unbeschränkt steuerpflichtig geworden. Wie in Abschn. 9.7 aufgeführt, sind in Dänemark lediglich kurze Unterbrechungen für die Berechnung der 183-Tage Grenze ausgenommen. ◄

An dieser Stelle sei zudem darauf hingewiesen, dass ein Aufenthalt von 183 Tagen oder mehr meist nie die einzige Regelung ist, mit der Menschen in den in Kap. 9 aufgeführten Ländern unbeschränkt steuerpflichtig werden. Manche Länder zielen auch auf den Lebensmittelpunkt ab (z. B. Niederlande oder Frankreich) oder ein bestimmtes Visum (z. B. Australien oder USA). Es gelten hier also die Ausführungen des jeweiligen Länderkapitels.

Beschränkte Steuerpflicht

Liegt keine unbeschränkte Steuerpflicht im Ausland vor, so könnte noch eine beschränkte Steuerpflicht in Frage kommen. Diese ist im Gegensatz zur unbeschränkten Steuerpflicht deutlich schneller abgehandelt: Bezieht eine Person Arbeitseinkommen von einem Arbeitgebenden im Ausland oder einer Betriebsstätte des inländischen Arbeitgebenden im Ausland, so ist immer von einer beschränkten Steuerpflicht im Ausland mit ebendiesen Einkünften auszugehen. Arbeitnehmerinnen und Arbeitnehmer müssen daher auch prüfen, ob ihre Tätigkeit im ausländischen Homeoffice eine Betriebsstätte im Ausland (siehe Abschn. 3.2) hervorruft. Selbstständige sind hingegen wie Kapitalgesellschaften dann beschränkt im Ausland steuerpflichtig, wenn sie dort eine Betriebsstätte begründen.

3.2 Kapitalgesellschaften

Unbeschränkte Steuerpflicht
Einer unbeschränkten Steuerpflicht im Ausland liegt für Kapitalgesellschaften in vielen Ländern aus Kap. 9 der Sitz der Geschäftsführung und/oder der Registrierung einer Firma im jeweiligen Land zugrunde. Für die Zwecke dieses Buchs dürfte dabei insbesondere der Ort der Geschäftsführung eine Rolle spielen für den Fall, dass die geschäftsführende Person einer Gesellschaft im Ausland ein Homeoffice betreibt. Im Gegensatz zu den Kriterien der Steuerpflicht für natürliche Personen ist der Ort der Geschäftsführung allerdings per se ungenauer und wird in vielen Ländern unterschiedlich ausgelegt. Gemeinsam haben die Fälle, dass vom jeweiligen Land aus Leitungsentscheidungen für das Unternehmen getroffen werden müssen. Unterscheiden kann sich dabei aber, ob es sich um tagtägliche Leitungsentscheidungen handeln muss oder bereits regelmäßige Strategietreffen der Geschäftsführung im Land ausreichen. Auch mag sich unterscheiden, ob – wie in Deutschland – der Fokus auf betriebswirtschaftlichen Leitungsentscheidungen liegt oder ob auch solche technischer Natur, etwa bei der Entwicklung eines Produkts, einbezogen werden. Gerade weil eine Prüfung dieser Sachverhalte sehr weitreichende Konsequenzen für ihr Unternehmen hat, die wir in der notwendigen Tiefe in diesem Buch gar nicht leisten können, empfehlen wir Geschäftsführerinnen und Geschäftsführern von Kapitalgesellschaften, die länger im Homeoffice im Ausland arbeiten wollen, eine Konsultation bei einer lokalen Steuerberatung.

Beschränkte Steuerpflicht
Eine beschränkte Steuerpflicht im Ausland ergibt sich für Kapitalgesellschaften, aber auch für Selbstständige in der Regel durch eine Betriebsstätte oder einen ständigen Vertreter im jeweiligen Land. Die nationalen Definitionen einer Betriebsstätte im Ausland unterscheiden sich in ihren Grundzügen oft nicht allzu sehr von der deutschen Version, da auch diese stark auf dem OECD-Musterabkommen (siehe, auch für Beispiele, insbesondere Abschn. 4.3.1) basiert. Die Kriterien für eine Betriebsstätte sind damit meist:

- zeitlich und örtlich feste Geschäftseinrichtung,
- Unternehmen hat Verfügungsmacht,
- in Geschäftseinrichtung wird Tätigkeit des Unternehmens ausgeübt.

Anders als im deutschen Recht lautet insbesondere der letzte Punkt, da im OECD-Musterabkommen direkt auf die Tätigkeit eines Unternehmens eingegangen

3.2 Kapitalgesellschaften

wird. Grundsätzlich geht es aber bei beiden Regelwerken letztlich darum, dass in der Betriebsstätte die Unternehmenstätigkeit ausgeübt werden muss und es sich nicht lediglich um ein leer stehendes Gebäude handelt.

Die Definitionen eines ständigen Vertreters orientieren sich ebenfalls oft direkt an der Definition aus dem OECD-Musterabkommen, weshalb wir an dieser Stelle direkt auf Abschn. 4.3.1 verweisen.

Ein weiterer Aspekt, der auch bei den in Kap. 9 genannten Ländern nicht einheitlich ist, betrifft die Frage, ob Hilfstätigkeiten für das Unternehmen auch in der nationalen ausländischen Definition einer Betriebsstätte nicht zu einer solchen führen (dazu mehr in Abschn. 4.3.1). Dies ist der Fall, wenn Länder auch die Negativliste der Betriebsstättendefinition aus dem OECD-Musterabkommen mit übernommen haben.

Beispiel: Betriebsstätte nach ausländischem Recht – Negativliste

Marion ist Logistikerin eines großen Landmaschinenherstellers und zieht aus privaten Gründen nach Japan, um von dort aus neun Monate zu arbeiten.

Folge: Da Japan in seiner nationalen Betriebsstättendefinition die Negativliste des OECD-Musterabkommens umgesetzt hat, begründet Marions Aufenthalt dort keine Betriebsstätte für den Landmaschinenhersteller. Logistik wird bei einer solchen Firma als Hilfstätigkeit angesehen und begründet damit in Japan per se keine Betriebsstätte. ◄

Komplett anderslautende Regeln, die nicht auf dem OECD-Musterabkommen beruhen, finden sich von den Ländern in Kap. 9 in Brasilien, China und Serbien. In diesen Ländern empfehlen wir zur Frage nach dem Vorliegen einer Betriebsstätte grundsätzlich eine genaue Prüfung mit einer lokalen Steuerberatung.

Eine weitere Besonderheit in manchen Ländern sind Dienstleistungsbetriebsstätten. Diese wurden vor allem in den letzten Jahren eingeführt, da durch die fortschreitende Digitalisierung insbesondere bei Dienstleistungen nicht mehr auf eine örtlich feste Geschäftseinrichtung abgestellt werden kann. Im Gegensatz zur festen Örtlichkeit gilt stattdessen die Zeit der Dienstleistung (meist halbes Jahr, also 183 Tage oder mehr) oder ein besonderer Bezug zum Inland (etwa Userzahlen, wie in Indien). National umgesetzt wurde die Dienstleistungsbetriebsstätte bisher – von den in Kap. 9 aufgeführten Ländern – in Bosnien und Herzegowina, China, Indien, Neuseeland, Portugal, Thailand, Tschechien und der Türkei.

Beispiel: Dienstleistungsbetriebsstätte und Folgen für Arbeitnehmer

Julia ist angestellte Beraterin bei der XYZ-Beratung GmbH in Passau. Die XYZ-Beratung hat ein großes Beratungsprojekt für eine Firma in Prag akquiriert welches Julia betreuen soll. Das Projekt fängt im Februar 2022 an und endet erst im März 2023. Julias Aufenthalt in Tschechien beträgt in 2022 100 Tage.

Folge: Nach tschechischem Recht entsteht für die XYZ-Beratung GmbH 2022 eine Betriebsstätte in Tschechien, weshalb sie nach nationalem tschechischen Recht ihre damit erwirtschafteten Einkünfte dort versteuern müsste. Auch Julia hätte nach nationalem Recht in Tschechien eine beschränkte Steuerpflicht mit ihrem vom Projekt in Prag erwirtschafteten Gehalt. Allerdings folgt das Doppelbesteuerungsabkommen zwischen Deutschland und Tschechien (siehe Abschn. 9.30) dieser Definition (noch) nicht, weshalb sowohl die XYZ-Beratung GmbH als auch Julia nur in Deutschland Steuern zahlen müssen. ◄

Führt Homeoffice im Ausland zu einer Betriebsstätte?
Ob nun ein Homeoffice im Ausland einer Angestellten bzw. eines Angestellten im Unternehmen zu einer Betriebsstätte des Unternehmens nach ausländischem nationalen Recht führt, ist oft noch sehr unklar und muss in einer Einzelfallprüfung entschieden werden. Eine abschließende Antwort kann meist nur die jeweilige ausländische Steuerbehörde geben. Unser Tipp ist daher: Wer rechtssicher länger im Ausland ein Homeoffice betreiben möchte, ohne für sein Unternehmen eine Betriebsstätte zu begründen, sollte dies auf jeden Fall vorher mit einer lokalen Steuerberatung im jeweiligen Land abklären!

Für eine Einschätzung des Risikos der Entstehung einer Homeoffice-Betriebsstätte hilft aber eine spezielle Prüfung der oben genannten Kriterien für eine Betriebsstätte, an denen sich die meisten Staaten orientieren. Folgende Fragen können helfen, das Kriterium der örtlich und zeitlich festen Geschäftseinrichtung für ein Homeoffice zu prüfen:

- Örtlich: Wird das Homeoffice in ein und derselben Wohnung im Ausland ausgeübt?
- Zeitlich: Ist das Homeoffice im Ausland permanent bzw. auf Dauer angelegt? Dies kann auch bei weniger als einem halben Jahr angenommen werden.
- Zeitlich: Wie hoch ist der Anteil der Arbeitszeit im ausländischen Homeoffice?

Für das Kriterium der Verfügungsmacht des Unternehmens ergeben sich folgende Fragen:

3.2 Kapitalgesellschaften

- Wurde das Homeoffice im Ausland vom Unternehmen angeordnet?
- Macht sich das Unternehmen das Homeoffice im Ausland speziell zunutze, z. B. durch regelmäßige Besprechungen der Arbeitnehmerin/des Arbeitnehmers mit Kunden vor Ort im Ausland?
- Trägt das Unternehmen die Miete für das ausländische Homeoffice?
- Steht der Arbeitnehmerin/dem Arbeitnehmer noch ein Arbeitsplatz der Firma im Heimatland zur Verfügung?

Eine Geschäftstätigkeit für das Unternehmen wird beim Homeoffice in der Regel angenommen und kann lediglich wie oben angesprochen durch eine Negativliste, mit der etwa Hilfstätigkeiten ausgenommen sind, verneint werden.

In folgenden Ländern hat aus Kap. 9 hat die Finanzverwaltung eine Stellungnahme veröffentlicht, in dem bestimmte Kriterien zur Prüfung einer Homeoffice-Betriebsstätte favorisiert werden: Australien, Bosnien und Herzegowina, Dänemark, China, Griechenland, Irland, Kanada, Luxemburg, Neuseeland, Österreich, Schweden, Schweiz, Spanien, Vereinigtes Königreich.

Beispiel: Homeoffice-Betriebsstätte – Dänemark

Jan ist angestellter Unternehmensberater der Unternehmensberatungsgesellschaft Smartchanger AG in München. Er mietet sich auf eigene Kosten im Januar 2022 eine Wohnung in Kopenhagen, Dänemark um das ganze Jahr von dort aus zu arbeiten. Das Unternehmen hat keinen Zugang oder Schlüssel zur Wohnung.

Folge: Es besteht ein großes Risiko für die Smartchanger AG, eine Betriebsstätte in Dänemark zu begründen. Dänemark stellt insbesondere auf die Permanenz des Homeoffice sowie auf die Tätigkeit des Angestellten ab, die der Kerntätigkeit des Unternehmens entsprechen muss. Eine Verfügungsmacht des ausländischen Unternehmens spielt für die dänischen Finanzbehörden keine Rolle. Hätte die Smartchanger AG eine Betriebsstätte in Dänemark, wäre Jan zudem mit dem in Dänemark von der Smartchanger AG erwirtschafteten Einkünften beschränkt steuerpflichtig. ◄

Doppelbesteuerungsabkommen 4

Sie haben in den vorigen Kapiteln herausgefunden, dass Sie eine Steuerpflicht sowohl in Deutschland als auch im Ausland haben? Um eine Doppelbesteuerung Ihrer Einkünfte zu vermeiden, hat Deutschland mit vielen Ländern Doppelbesteuerungsabkommen (siehe auch Kap. 9) geschlossen. In diesem Kapitel wird dargelegt, welche Wirkungen Doppelbesteuerungsabkommen zwischen Staaten haben und wann diese eine persönliche und sachliche Anwendung finden. Es wird vermittelt, welche Einkunftsarten es nach den Abkommen gibt, wie die Zuweisung des Besteuerungsrechts erfolgt und mit welchen Methoden die Doppelbesteuerung vermieden wird. Insbesondere wird dabei auf die Einkunftsarten „Unternehmensgewinne" und „unselbstständige Arbeit" eingegangen.

4.1 Einführung

Die Herausforderung der doppelten Besteuerung von Einkünften ergibt sich nur, wenn zwei Staaten auf Einkünfte einer Person oder einer Gesellschaft ein nationales Besteuerungsrecht haben. Dann liegt ein klassischer Fall der Doppelbesteuerung vor, der durch die Abkommen zur Vermeidung von Doppelbesteuerung beseitigt werden soll. Im Umkehrschluss heißt das auch, dass ein Doppelbesteuerungsabkommen kein neues Besteuerungsrecht eines Staates schafft – es beschneidet lediglich bestehende nationale Besteuerungsrechte.

Theoretisch könnte Deutschland, wie auch jeder andere Staat, die internationale Doppelbesteuerung allein durch nationale steuerliche Regelungen beseitigen. Zu Anfang des 19. Jahrhunderts hat man aber erkannt, dass es sinnvoller ist,

Doppelbesteuerung durch bilaterale Verträge zu vermeiden, statt deren Wirkungen durch unilaterale Regelungen zu reduzieren oder zu beseitigen.

Derzeit gibt es ca. 200 anerkannte Nationen auf der Erde, mit etwa der Hälfte von ihnen hat Deutschland ein Doppelbesteuerungsabkommen, korrekt heißt dieses „Abkommen zur Vermeidung der Doppelbesteuerung" – kurz DBA. Dass Deutschland nur mit rund der Hälfte der Länder weltweit ein solches Abkommen geschlossen hat, klingt zunächst wenig. Die Tatsache jedoch, dass Deutschland mit fast allen Staaten, mit denen es einen regen Lieferungs- und Leistungsaustausch unterhält, über ein Doppelbesteuerungsabkommen verfügt, relativiert dies. Kein Abkommen mit Deutschland haben derzeit z. B. Brasilien, die Vereinigten Arabischen Emirate, Monaco, Somalia, Eritrea, Hongkong und Nordkorea.

Das Bundesfinanzministerium hat die länderspezifischen Informationen auf seiner Internetseite veröffentlicht. Hier kann auf jedes bestehende Abkommen mit Deutschland zugegriffen werden. Weiter kann eingesehen werden, ob aktuell Verhandlungen zum Abschluss eines neuen Abkommens oder zur Modifikation eines bestehenden Abkommens laufen.

Bei den Doppelbesteuerungsabkommen handelt es sich um völkerrechtliche Verträge zwischen zwei Staaten. Das Zustandekommen dieser Abkommen ist nicht immer einfach. Oft ziehen sich die Verhandlungen auf Regierungsebene über Jahre hin, bis schließlich das Vertragswerk paraphiert und anschließend von den nationalen Parlamenten genehmigt wird. Dem aufwändigen Prozess des Zustandekommens steht als Vorteil gegenüber, dass diese Abkommen in der Regel lange Bestand haben und sich der oft hektischen Betriebsamkeit des nationalen Steuergesetzgebers entziehen.

Um eine weitgehende Harmonisierung der Doppelbesteuerungsabkommen weltweit herzustellen und die Verhandlungen für diese Abkommen zu vereinfachen hat man bei der OECD (Organisation für wirtschaftliche Zusammenarbeit und Entwicklung, Sitz in Paris) ein Musterabkommen (OECD-MA) erarbeitet, welches regelmäßig aktualisiert wird. Dieses OECD-MA soll bei den Verhandlungen über das Zustandekommen, aber auch bei Unstimmigkeiten über die Auslegung bestehender Abkommen helfen. Zudem unterstützt eine OECD-Musterkommentierung bei Zweifels- oder Auslegungsfragen.

Analog zu dem oben erwähnten Musterabkommen hat praktisch jedes Doppelbesteuerungsabkommen die gleiche Grundgliederung. Diese kann man als eine Art Prüfstruktur für das Abkommen lesen:

I. Geltungsbereich – Gilt das Abkommen für die betroffene Person bzw. Gesellschaft?
II. Begriffsbestimmungen – Wo ist die Person/Gesellschaft ansässig bzw. liegt eine Betriebsstätte vor?

4.1 Einführung

III. und IV. Besteuerung des Einkommens bzw. des Vermögens: Haben beide Staaten ein Besteuerungsrecht oder gibt es ein alleiniges Recht eines Staates, zu besteuern?

IV. Methoden zur Vermeidung der Doppelbesteuerung: Wenn beide Staaten ein Besteuerungsrecht haben – wie wird damit umgegangen?

V. und VII. Besondere Bestimmungen und Schlussbestimmungen: Hier werden etwa Kooperationen oder bestimmte Steuervermeidungsfälle aufgeführt.

Wichtig für die tägliche Praxis ist zu wissen, dass das OECD-MA den „Goldstandard" eines Doppelbesteuerungsabkommens darstellt, an dem sich Deutschland bei Abschluss seiner Abkommen orientiert. Bei der Prüfung von transnationalen Steuerfällen muss aber immer das tatsächlich zwischen den beiden Staaten geschlossene Abkommen – gegebenenfalls mit zusätzlichen Verständigungsvereinbarungen – geprüft werden. In Kap. 9 werden daher immer die Besonderheiten des jeweiligen Abkommens im Gegensatz zu dem in diesem Kapitel vorgestellten OECD-MA aufgeführt.

Neben den in diesem Werk zu erläuternden allgemeinen Doppelbesteuerungsabkommen, die eine Doppelbesteuerung mit Steuern auf das Einkommen und Vermögen vermeiden sollen, kann es noch andere Abkommen geben, wie z. B. zur Erbschaftsteuer, auf dem Gebiet der See- und Luftfahrt etc. In der Praxis wichtig sind auch die Abkommen über den Informationsaustausch in Steuersachen. Über diesen Informationsaustausch werden Daten von Steuerbürgern (z. B. Vorhandensein von Bankkonten, Zinsen daraus ...) ausgetauscht, um festzustellen, ob diese es mit ihren Angaben in den Steuerklärungen fallweise nicht so genau genommen haben. In der Praxis wird versucht, möglichst alle Staaten zu einem Informationsaustausch zu bewegen. Staaten, die diesbezüglich nicht kooperieren, werden von der EU als „nicht kooperative Länder und Gebiete für Steuerzwecke" bezeichnet und kommen auf eine Art „Schwarze Liste" der EU. Auf dieser Liste stehen derzeit folgende Länder:

- Amerikanisch-Samoa
- Fidschi
- Guam
- Palau
- Panama
- Samoa
- Trinidad und Tobago
- Amerikanische Jungferninseln
- Vanuatu

Diese Einstufung kann unangenehme Konsequenzen haben: Durch das 2021 eingeführte Steueroasenabwehrgesetz kann Unternehmen der steuerliche Abzug von Ausgaben verweigert werden, die in die auf der Schwarzen Liste aufgeführten Länder geflossen sind. Darüber hinaus können alle Einkünfte von Tochtergesellschaften oder Betriebsstätten aus diesen Ländern in Deutschland nachversteuert werden (verschärfte Hinzurechnungsbesteuerung). Ein längerfristiges Homeoffice in diesen Ländern sollte daher sehr genau geprüft werden.

4.2 Geltungsbereich eines Doppelbesteuerungsabkommens

Bevor man sich mit den einzelnen Regelungen eines Doppelbesteuerungsabkommens auseinandersetzt, ist zu prüfen, ob das Abkommen für die betreffende Person und den damit zusammenhängenden Sachverhalt überhaupt anwendbar ist.
Art. 1 Abs. 1 OECD-MA führt dazu aus:

„Dieses Abkommen gilt für Personen, die in einem Vertragsstaat oder in beiden Vertragsstaaten ansässig sind."

Ein Doppelbesteuerungsabkommen zwischen zwei Staaten ist also nur anzuwenden, wenn die betreffende Person – damit sind sowohl natürliche Personen als auch Kapitalgesellschaften gemeint – in mindestens einem der beiden Staaten ansässig ist. Im Umkehrschluss ist ein Abkommen nicht anzuwenden, wenn die Person in keinem der beiden Vertragsstaaten ansässig ist. Darüber hinaus ist wichtig, dass Personengesellschaften nicht als eigenständige Personen im Sinne des Abkommens gelten. Das Abkommen findet nur auf die Gesellschafter von Personengesellschaften Anwendung, die ihre Ansässigkeit als natürliche Person prüfen lassen müssen.
Die im Folgenden vorgestellten Regelungen zur Ansässigkeit finden sich so in allen von Deutschland abgeschlossenen DBA und werden daher nicht mehr in Kap. 9 vorgestellt.

Ansässigkeit für natürliche Personen
Nach Artikel 4 Abs. 1 des OECD-MA sind natürliche Personen grundsätzlich dort ansässig, wo sie einen Wohnsitz oder gewöhnlichen Aufenthalt haben. Das regelt zwar die meisten Fälle, manchmal kann eine natürliche Person aber einen Wohnsitz in Deutschland und einen gewöhnlichen Aufenthalt im Ausland haben. Herausfor-

4.2 Geltungsbereich eines Doppelbesteuerungsabkommens

derung in der Praxis ist darüber hinaus, dass die im Abkommen verwendeten Begriffe „Wohnsitz" und „gewöhnlicher Aufenthalt" im nationalen Recht oft anders definiert oder verwendet werden und es damit zu Auslegungs- oder Zuordnungsschwierigkeiten in Doppelbesteuerungsfragen kommt. Details dazu in der Länderübersicht in Kap. 9.

Ist eine natürliche Person daher in mehreren Staaten ansässig, muss nach der Prüfungsreihenfolge des Art. 4 Abs. 2 OECD-MA festgestellt werden, welchem Staat die Person zuzuordnen ist – das nennt sich dann „tie-breaker rule". Der Vertragsstaat, in dem die Person bei Doppelansässigkeit als ansässig gilt, bestimmt sich nach dieser Norm nach Ansässigkeitsmerkmalen, die in einer bestimmten Reihenfolge zu prüfen sind. Ist ein vorrangiges Merkmal anwendbar, so schließt dies die Anwendung der nachrangigen Merkmale aus.

Die Prüfungsmerkmale in der zu prüfenden Reihenfolge sind:

1. Ständige Wohnstätte
2. Mittelpunkt der Lebensinteressen
3. Gewöhnlicher Aufenthalt
4. Staatsangehörigkeit

> **Beispiel: Ansässigkeit im DBA – natürliche Personen**
>
> Jaroslaw ist selbstständiger Ingenieur und hat sich in 2022 den Großteil des Jahres in Rimini in Italien aufgehalten, wo er ein angemietetes Strandhaus bewohnt. In Rimini hat Jaroslaw, der Single ist, schnell Freunde gefunden und engagiert sich aktiv in einem lokalen Umweltverein. Von den italienischen Behörden wird er wegen seines gewöhnlichen Aufenthalts in Rimini als unbeschränkt steuerpflichtig eingestuft. In seiner Heimat Wuppertal unterhält Jaroslaw noch eine voll eingerichtete Wohnung, zu der er einmal im Monat fährt, um seine Familie und Freunde zu besuchen und an Vereinstätigkeiten eines Gesangsvereins teilzunehmen. Das Wuppertaler Finanzamt stuft dies als Wohnsitz ein und hält Jaroslaw daher ebenfalls in Deutschland für unbeschränkt steuerpflichtig.
>
> Folge: Grundsätzlich ist Jaroslaw nach Artikel 4.1 des DBA Deutschland-Italien in beiden Staaten ansässig – in Italien aufgrund seines gewöhnlichen Aufenthalts, in Deutschland wegen seines Wohnsitzes. Daher kommt die „tie-breaker rule" aus Artikel 4.2 zur Anwendung:

1. Eine ständige Wohnstätte – das Strandhaus in Rimini sowie die Wohnung in Wuppertal – unterhält Jaroslaw in beiden Staaten, weshalb weiter geprüft werden muss.
2. Ein Mittelpunkt der Lebensinteressen ist nicht auszumachen. Sowohl in Rimini als auch in Wuppertal ist Jaroslaw in Vereinen aktiv und hat Freunde. Ein stechendes Argument wäre hier die Frage, wo Jaroslaws Partnerin und Kinder leben – Jaroslaw ist aber Single und hat keine Kinder. Es muss daher weiter geprüft werden.
3. Der gewöhnliche Aufenthalt von Jaroslaw ist klar in Italien auszumachen.

Jaroslaw ist daher nach der tie-breaker rule des Artikels 4.2 des DBA Deutschland-Italien in Italien ansässig. ◄

Ansässigkeit für Kapitalgesellschaften
Nach Artikel 4 Abs. 1 des OECD-MA sind Kapitalgesellschaften grundsätzlich dort ansässig, wo die Gesellschaft den Ort der Geschäftsleitung hat. Da aber auch andere ähnliche Merkmale eine Rolle spielen können, kann grundsätzlich auch hierbei auf den eingetragenen Firmensitz der Gesellschaft abgestellt werden.

Ähnlich wie bei den natürlichen Personen kann sich daher zunächst aus Artikel 4.1 eine Ansässigkeit in beiden Staaten ergeben. Für diesen Fall gibt es auch für Kapitalgesellschaften eine sogenannte „tie-breaker rule" in Artikel 4.3. Diese besagt, dass Kapitalgesellschaften im Streitfall in dem Land ansässig sind, in dem sich der Ort der tatsächlichen Geschäftsleitung befindet. Den Ort der tatsächlichen Geschäftsleitung festzustellen erfordert eine Prüfung folgender Merkmale:

- In welchem Land treffen sich die Vertreter der Geschäftsführung normalerweise?
- Von welchem Land aus arbeitet die Geschäftsführung der Gesellschaft?
- In welchem Land werden die tagtäglichen Leitungsentscheidungen getroffen?
- Nach dem Gesetz welchen Landes wird die Rechtsform der Gesellschaft geregelt?
- Wo werden die Rechnungslegungsunterlagen aufbewahrt?

Nach Prüfung dieser Sachverhalte müssen sich die betroffenen Staaten untereinander verständigen, um den Fall zu lösen.

> **Beispiel: Ansässigkeit im DBA – natürliche Personen**
>
> Lea ist alleinige Geschäftsführerin der Weltweit GmbH mit Sitz in Koblenz, welche die Planung von Sprachreisen in der ganzen Welt betreibt. Da Leas Freund im ungarischen Tihany am Balatonsee ein Haus besitzt, zieht sie dort im März 2022 hin und bleibt ohne Unterbrechung bis Anfang 2023. Ihre Wohnung in Koblenz, von der aus sie vorher die Geschäfte der Weltweit GmbH betrieben hat, gibt sie mit dem Umzug auf und nimmt auch alle relevanten Unterlagen ihrer Firma nach Ungarn mit.
>
> Folge: Durch den Sitz in Koblenz ist die Weltweit GmbH in Deutschland unbeschränkt steuerpflichtig. Durch die hauptsächliche Tätigkeit der Geschäftsführung, also von Lea, von Ungarn aus, wird auch von den ungarischen Behörden eine unbeschränkte Steuerpflicht geschaffen.
>
> Aufgrund von Artikel 4.3 des DBA Deutschland-Ungarn verständigen sich die Steuerbehörden der Länder daraufhin. Da Lea in 2022 zum großen Teil von Ungarn aus gearbeitet hat, dort die täglichen Leitungsentscheidungen für ihre Firma getroffen hat und auch ihre aktuellen Rechnungslegungsunterlagen aufbewahrt, ist es sehr wahrscheinlich, dass sich am Ende auf eine Ansässigkeit der Weltweit GmbH in Ungarn verständigt wird. Dem steht auch die deutsche Rechtsform nicht zwingend entgegen. ◄

4.3 Ausgewählte Einkunftsarten nach dem OECD-MA

Während das deutsche Einkommensteuerrecht sieben Einkunftsarten in § 2 Abs. 1 EStG definiert, das Körperschaftsteuergesetz über § 8 Abs. 2 KStG sogar nur eine, kennt das OECD-MA 15 Einkunftsarten:

Art. 6   Einkünfte aus unbeweglichem Vermögen
Art. 7   Unternehmensgewinne
Art. 8   Seeschifffahrt, Binnenschifffahrt und Luftfahrt
Art. 9   Verbundene Unternehmen
Art. 10   Dividenden
Art. 11   Zinsen
Art. 12   Lizenzgebühren
Art. 13   Gewinne aus der Veräußerung von Vermögen
Art. 14   Selbstständige Arbeit (Alt-DBA), ab 2010 regelmäßig Teil des Art. 7
Art. 15   Unselbstständige Arbeit

Art. 16 Aufsichtsrats- und Verwaltungsratsvergütungen
Art. 17 Künstler und Sportler
Art. 18 Ruhegehälter
Art. 19 Öffentlicher Dienst
Art. 20 Studenten
Art. 21 Andere Einkünfte

Auf den ersten Blick finden sich in der obigen Aufstellung 16 Einkunftsarten. Seit 2010 werden Einkünfte aus selbstständiger Arbeit (Art. 14) regelmäßig unter die Einkünfte aus Unternehmensgewinnen (Art. 7) subsumiert. In den oben aufgeführten Artikeln zu den Einkunftsarten ist festgelegt, welcher Staat das Besteuerungsrecht für diese Einkünfte hat und welcher Staat dementsprechend kein Besteuerungsrecht hat.

Für dieses Werk besonders interessant sind die Unternehmensgewinne (Art. 7) sowie die Einkünfte aus unselbstständiger Arbeit (Art. 15), die nun eingehend erläutert werden sollen

4.3.1 Unternehmensgewinne (Art. 7 OECD-MA)

Die Unternehmensgewinne im Sinne von Art. 7 OECD-MA (Abkommenstext im Anhang) gehören wie die Einkünfte aus See- und Luftfahrt sowie aus verbundenen Unternehmen zu denen aus unternehmerischer Betätigung. Das Abkommen weist das Besteuerungsrecht grundsätzlich dem Sitz-Staat bzw. Ansässigkeits-Staat zu. Aber: Betreibt das Unternehmen im anderen Vertragsstaat eine Betriebsstätte, dann hat der andere Vertragsstaat das Besteuerungsrecht für die Gewinne dieser Betriebsstätte. Der vorgenannte Satz klingt einfach, ist aber in der Praxis der zentrale „Streitpunkt" in internationalen Steuerfällen mit Unternehmen – aus zwei Gründen:

1. Wann liegt eine Betriebsstätte vor, wann nicht?
   Die nationalen Steuergesetze der einzelnen Länder verwenden die im OECD-MA verwendeten Begriffe oft in unterschiedlicher Weise oder legen diese anders aus. So kommt es in der Praxis zu klassischen Auslegungskonflikten zwischen den beteiligten Staaten, ob eine Betriebsstätte vorliegt oder nicht. Dies wurde bereits in Abschn. 3.2 eingehend behandelt.

2. Wie ermittelt sich der Gewinn einer Betriebsstätte?
   Die nationalen Steuergesetze kennen höchst unterschiedliche Methoden, einen Gewinn zu ermitteln. Folglich kommt es auf dem Weg zur Abgrenzung eines Gewinns zwischen zwei Staaten zwangsläufig zur Auseinandersetzung.

4.3 Ausgewählte Einkunftsarten nach dem OECD-MA

Wann liegt eine Betriebsstätte nach dem OECD-Musterabkommen vor?
Die Definition einer Betriebsstätte im OECD-Musterabkommen besteht grob aus vier Teilen:

1. Allgemeine Definition der Betriebsstätte in Art. 5 Abs. 1
2. Positivliste an Einrichtungen, deren Betrieb immer eine Betriebsstätte auslöst in Art. 5 Abs. 2
3. Negativliste an Tätigkeiten, die eine Betriebsstätte ausschließen in Art. 5 Abs. 4
4. Definition eines ständigen Vertreters nach Art. 5 Abs. 5 ff

Diese schwer verdauliche Definition gehen wir nun Stück für Stück durch. Die allgemeine Definition aus
Art. 5 Abs. 1 OECD-MA lautet:

„Im Sinne dieses Abkommens bedeutet der Ausdruck „Betriebsstätte" eine feste Geschäftseinrichtung, durch die die Geschäftstätigkeit eines Unternehmens ganz oder teilweise ausgeübt wird."

Diese kurze Definition lässt sich in vier Voraussetzungen untergliedern, die allesamt zur Begründung einer Betriebsstätte vorliegen müssen:

- Die Geschäftseinrichtung ist örtlich fest. Wie schon bei der deutschen Definition heißt dies, dass eine Betriebsstätte fest mit der Erde verbunden sein muss.
- Das Unternehmen hat eine Verfügungsmacht über die Betriebsstätte. Damit ist gemeint, dass das Unternehmen jederzeit auf die Geschäftseinrichtung zugreifen können muss, also etwa die Schlüssel besitzt. Unerheblich ist, ob die Geschäftseinrichtung lediglich gemietet oder gekauft ist.
- Die Geschäftseinrichtung wird nachhaltig beibehalten und ist nicht lediglich temporär. Auch wenn es keine formelle Regel hierzu gibt, wird hierbei häufig auf das durchgehende Beibehalten einer Geschäftseinrichtung von einem halben Jahr oder mehr abgestellt. Nachhaltig beibehalten kann aber auch jedes Jahr wiederkehrend heißen, dann kann auf einen Zeitraum von weniger als einem halben Jahr abgestellt werden.
- In der Geschäftseinrichtung wird die Tätigkeit des Unternehmens ausgeübt.

Der wesentliche Unterschied zwischen dem deutschen Begriff einer Betriebsstätte und dem Begriff des OECD-MA ist, dass nach der AO bereits eine Betriebsstätte vorliegt, wenn die Einrichtung dem Unternehmen dient. Das OECD-MA verlangt dagegen, dass eine Tätigkeit ausgeübt wird.

> **Beispiel 1: Betriebsstätte nach OECD-Musterabkommen – Allgemeine Definition**
>
> Lukas ist Angestellter der Sonnendeck AG, die sich auf geführte Luxusreisen weltweit spezialisiert hat. Lukas kümmert sich dabei um das Design von Prospekten. Im Winter arbeitet Lukas vom 1. Januar bis 31. März 2022 von einem Büro auf der thailändischen Insel Phuket aus, welches ihm die Sonnendeck AG anmietet.
> Folge: Das Büro in Phuket ist örtlich fest, zudem hat die Sonnendeck AG als Mieterin die Verfügungsmacht darüber. Obwohl Lukas dort auch mit dem Design von Prospekten eine Tätigkeit des Unternehmens ausübt, ist eine Betriebsstätte nur mit Blick auf die allgemeine Definition aus Art. 5 Abs. 1 in aller Regel zu verneinen, da der Zeitraum von sechs Monaten unterschritten ist. ◄

Diese allgemeine Definition einer Betriebsstätte wird nun noch um eine Positivliste in Art. 5 Abs. 2 des OECD-MA ergänzt. Insbesondere die folgenden Geschäftseinrichtungen sollen immer eine Betriebsstätte begründen:

- Ein Ort der Geschäftsführung
- Eine Niederlassung
- Ein Büro
- Eine Fabrik
- Eine Werkstatt
- Jeder Ort zur Ausbeutung natürlicher Ressourcen, wie z. B. eine Mine

Die Positivliste hat allerdings nur einen klarstellenden Charakter – auch für die darin genannten Geschäftseinrichtungen müssen daher die Voraussetzungen aus der allgemeinen Definition wie örtliche Fixierung, Verfügungsmacht etc. gelten.
Nun folgt allerdings in Art. 5 Abs. 4 eine Negativliste an Tätigkeiten, die – auch wenn die allgemeine Definition oder die Positivliste erfüllt ist – nie eine Betriebsstätte begründen. Insbesondere die ausschließliche Ausführung folgender Hilfs- oder vorbereitender Tätigkeiten in einer Geschäftseinrichtung führt nie zu einer Betriebsstätte:

- Lagerung
- Ausstellung oder Zustellung von Waren
- Einkauf von Waren oder Informationsbeschaffung
- Werbemaßnahmen
- Wissenschaftliche Forschung

4.3 Ausgewählte Einkunftsarten nach dem OECD-MA

Auch andere, hier nicht genannte Tätigkeiten vorbereitender Art oder Hilfstätigkeiten können durch die Negativliste ausgeschlossen sein. Entscheidend ist an dieser Stelle aber, dass die Tätigkeit für das Unternehmen, für welches sie ausgeübt wird, lediglich eine Hilfs- oder vorbereitende Tätigkeit darstellt und dies den Gesamteindruck der Geschäftseinrichtung prägt. Beispielsweise könnte in der Firma eines Landmaschinenherstellers die Buchhaltung als Hilfstätigkeit des Unternehmens eingestuft werden. In einer Steuerkanzlei würde sie aber klar zu den Kerntätigkeiten gehören.

Fortführung Beispiel 1: Betriebsstätte nach OECD-Musterabkommen – Positiv- und Negativliste

Das Büro von Lukas auf Phuket fällt klar unter die Positivliste des Art. 5 Abs. 2 des OECD-MAs. Strittig bleibt aber auch hier, dass das Büro lediglich für drei Monate beibehalten wird.

Entscheidend ist daher die Negativliste aus Art. 5 Abs. 4 des OECD-Musterabkommens. Lukas' Tätigkeit beschränkt sich komplett auf Werbetätigkeiten für die Sonnendeck AG, deren Haupttätigkeit die Planung und Durchführung von Luxusreisen ist. Es ist daher davon auszugehen, dass durch Lukas' Tätigkeit auf Phuket keine Betriebsstätte in Thailand für die Sonnendeck AG ausgelöst wird.

Abwandlung: Würde Lukas das Büro auf Phuket jedes Jahr von Januar bis Ende März mieten (Regelmäßigkeit!) und dort z. B. auch Reisende seiner Agentur betreuen, wäre eine Betriebsstätte in Thailand unstrittig gegeben. ◄

Kommt man zum Ergebnis, dass keine Betriebsstätte des Unternehmens im Ausland vorliegt, hat der andere (ausländische) Staat keinen Anknüpfungspunkt und damit kein Besteuerungsrecht. Das Besteuerungsrecht verbleibt vollumfänglich im Ansässigkeitsstaat oder Sitzstaat des Unternehmens.

Wann liegt ein ständiger Vertreter nach dem OECD-Musterabkommen vor?
Wie bereits oben erwähnt, kann nach Art. 5 Abs. 5 ff auch ein ständiger Vertreter im Land eine Betriebsstätte für ein Unternehmen begründen. Im Gegensatz zur in Abschn. 2.2 vorgestellten Definition in Deutschland ist der ständige Vertreter nach dem OECD-MA aber deutlich enger definiert. Folgende Voraussetzungen müssen allesamt für einen ständigen Vertreter vorliegen:

- Person, die im Auftrag des Unternehmens in einem Land tätig wird. Dies stellt insbesondere wieder auf eine Weisungsgebundenheit gegenüber dem Unternehmen ab.

- Es handelt sich nicht um einen unabhängigen Agenten nach Art. 5 Abs. 6 OECD-MA. Hierbei stellt sich etwa die Frage, ob die Person auch für andere Unternehmen tätig ist und wie stark die Kontrolle des Unternehmens über die Person – etwa durch genaue Anweisungen über Art und Ort des Verkaufs bestimmter Güter – sind. Darüber hinaus wird auch evaluiert, ob die Person ein eigenständiges Verkaufsrisiko übernimmt, was für einen unabhängigen Agenten sprechen würde.
- Berechtigung, Verträge für das Unternehmen abzuschließen und regelmäßiges Ausüben dieser Berechtigung. Auszuschließen wäre diese Voraussetzung, wenn die Person nur zur Verkaufsanbahnung dient, die tatsächlichen Verkaufsverträge aber dann mit dem ausländischen Unternehmen selbst abgeschlossen werden.
- Keine vorbereitenden Tätigkeiten oder Hilfsaktivitäten nach Art. 5 Abs. 4 OECD-MA. Stellt die Person nur Produkte zur Schau, ohne sie zu verkaufen, ist etwa die Eigenschaft als ständiger Vertreter zu verneinen.

Beispiel: Ständiger Vertreter nach OECD-MA

Janina ist selbstständige Unternehmensberaterin mit einem Fokus auf Prozessoptimierung und schon vor Jahren nach Basel in der Schweiz ausgewandert. Ihre angestellte Merle kommt aus Karlsruhe und verbringt dort regelmäßig Zeit im Homeoffice bei ihren Eltern. Zudem ist Merle zuständig für die Anbahnung von Beratungstätigkeiten im süddeutschen Raum und stellt dort bei Unternehmen regelmäßig allgemeine Konzepte zur Prozessoptimierung vor – eine Beratung erfolgt nicht. Die tatsächlichen Beratungsverträge schließt Janina aber immer selbst aus Basel ab, obwohl Merle grundsätzlich dazu befugt wäre. Deutschland nimmt daher an, dass Merle eine ständige Vertreterin Janinas in Deutschland ist.

Folge: Nach dem DBA Deutschland-Schweiz ist Merle keine ständige Vertreterin von Janina in Deutschland. Zum einen schließt Merle keine Verträge mit deutschen Kunden ab. Zum anderen beschränkt sich ihre Tätigkeit auf Werbung für Janinas Unternehmen, was nach Art. 5 Abs. 4 des DBA Deutschland-Schweiz als Hilfstätigkeit einzustufen ist. ◄

Neuere Entwicklungen zur Betriebsstätte nach dem OECD-Musterabkommen

Bei der Prüfung in der Praxis muss genau darauf geachtet werden, dass es teilweise noch ältere DBA-Versionen gibt, die vom heutigen Stand des OECD-MA (2017) abweichen. Die älteren Versionen der Abkommen tragen dem modernen Wirt-

4.3 Ausgewählte Einkunftsarten nach dem OECD-MA

schaftsleben kaum Rechnung. In der neuen Version des OECD-MA wurde der Versuch unternommen, mit den Veränderungen Schritt zu halten. Die Änderungen betreffen vor allem potenziell für Missbrauchszwecke nutzbare Regelungen. Für unsere Zwecke sind die Neuerungen vor allem hinsichtlich der Negativliste der Betriebsstätte relevant, hier wird nun eine Gesamtbetrachtung der Tätigkeiten im jeweiligen Staat vorgenommen. Dies soll eine künstliche Abspaltung mehrerer Tätigkeiten des Unternehmens, die für sich genommen nur Hilfstätigkeiten darstellen würden, zusammen aber den Kernzweck des Unternehmens bilden, verhindern.

Bis alle Abkommen von Deutschland auf diesen neuen Stand „upgedatet" werden, kann es Jahre dauern. Mittels BEPS (Base Erosion and Profit Shifting) Aktion 15 wurde vorgeschlagen, dass die einzelnen DBAs durch ein multilaterales Übereinkommen angepasst werden – ein sogenanntes MLI. Dieses ist am 01.04.2021 grundsätzlich in Deutschland in Kraft getreten, allerdings muss noch jeweils ein Anwendungsgesetz zu den jeweils betroffenen DBA folgen, was potenziell Jahre dauern kann. Die DBA mit folgenden 14 Ländern sollen dabei von den Änderungen betroffen sein: Frankreich, Griechenland, Italien, Japan, Kroatien, Luxemburg, Malta, Österreich, Rumänien, Slowakei, Spanien, Tschechien, Türkei und Ungarn.

Durch die fortschreitende Globalisierung und Digitalisierung wird im Bereich der Dienstleistung sehr stark der Begriff der Dienstleistungsbetriebsstätte diskutiert. Die OECD hat hierzu einen Vorschlag unterbreitet: Hält sich eine natürliche Person mehr als 183 Tage während eines Zeitraums von zwölf Monaten in einem Land auf und erwirtschaftet mehr als 50 % des von dem Unternehmen in diesem Zeitraum erwirtschafteten Dienstleistungsumsatzes, dann liegt eine Betriebsstätte auch ohne feste Einrichtung vor. Teilweise hat die Dienstleistungsbetriebsstätte schon Eingang in Doppelbesteuerungsabkommen gefunden. Von den in Kap. 9 genannten Ländern sind dies China und die Türkei, darüber hinaus findet sich eine Dienstleistungsbetriebsstätte im DBA mit den Philippinen und Taiwan.

Homeoffice als Betriebsstätte?

Mit der Corona-Pandemie wurden viele Arbeitnehmerinnen und Arbeitnehmer, auch im Ausland, davon überrascht „über Nacht" ins Homeoffice verbannt zu werden. Diese Fälle sollen aber nicht dazu führen, dass Unternehmerinnen und Unternehmer über das Homeoffice des Arbeitnehmenden eine Betriebsstätte begründen. Mit Schreiben vom 03.04.2020 führt die OECD aus, dass wegen des außergewöhnlichen Charakters dieser globalen Pandemie die vorübergehende oder dauerhafte Tätigkeit im HO zum Zwecke der Kontaktreduktion und damit aus Gründen des Gesundheitsschutzes regelmäßig keine Betriebsstätte begründet, weil es sich bei der Pandemie insoweit um höhere Gewalt handele.

Aber die Arbeitswelt nach Corona, das zeichnet sich heute schon ab, wird sich nachhaltig verändern. Hohe Kosten für Büros in Innenstadtlagen, unsichere Reiseverbindungen, fortschreitende Digitalisierung und der Wunsch nach einer ausgeglichenen Work-Life-Balance werden dazu führen, dass Homeoffice, mobiles Arbeiten immer mehr das Arbeitsleben prägen werden.

Bei einer Tätigkeit einer Arbeitnehmerin oder eines Arbeitnehmers im ausländischen Homeoffice kommt es für die Begründung einer Betriebsstätte entscheidend darauf an, ob eine „feste Geschäftseinrichtung" für das Unternehmen geschaffen wird. Dies wird bei einem fallweisen Tätigwerden im Homeoffice wohl nicht gegeben sein. Auch scheidet die Annahme einer Betriebsstätte von vornherein aus, wenn im Homeoffice lediglich vorbereitende Tätigkeiten oder Hilfstätigkeiten ausgeübt werden. Ob diese vorliegen, ist nur im Einzelfall mit Blick auf die Haupttätigkeit eines Unternehmens zu entscheiden. Bei einem hohen Grad der Digitalisierung können gerade in den Informations- und Wissensbranchen sehr umfangreiche Hauptleistungen im Homeoffice erbracht werden.

Bei einem dauerhaften Tätigwerden der Arbeitnehmerin oder des Arbeitnehmers (auch hier gilt als Anhaltspunkt: halbes Jahr oder länger) kommt es für die Beurteilung des Vorliegens einer festen Geschäftseinrichtung und damit einer Betriebsstätte darauf an, ob das Unternehmen eine (gewisse) Verfügungsmacht über das Homeoffice hat. Dies setzt voraus, dass das Homeoffice dem Unternehmen faktisch nicht nur vorübergehend zur Verfügung steht, egal ob als Eigentum, im Rahmen eines Mietvertrags oder einer unentgeltlichen Überlassung. Für eine Betriebsstätte spricht, wenn sich das Unternehmen mit dem Homeoffice in dem Land wirtschaftlich „verwurzelt".

Im Jahr 2017 hat sich die OECD im OECD-Musterkommentar zum Homeoffice geäußert. Drei Jahre vor dem Ausbruch der Pandemie ging die OECD noch davon aus, dass durch ein Homeoffice nur in seltenen Fällen eine Betriebsstätte begründet wird, weil dort ohnehin nur Hilfstätigkeiten ausgeübt werden. Aber: Wird das Homeoffice dauerhaft zur Ausübung von Geschäftstätigkeiten genutzt, wird vom Arbeitnehmenden verlangt, nachhaltig das Homeoffice zu nutzen, und steht ihm im Unternehmen kein Arbeitsplatz zu Verfügung, könne davon ausgegangen werden, dass das Homeoffice dem Unternehmen zur Verfügung steht und damit eine Betriebsstätte vorliegt. Ob dem tatsächlich so ist, kann vor diesem Hintergrund nach wie vor nur im Einzelfall geprüft werden. Hierzu helfen insbesondere auch die in Abschn. 3.2 aufgelisteten Fragen zur Orientierung. Insbesondere hinsichtlich der Dienstleistungsbetriebsstätte ist dabei von entscheidender

4.3 Ausgewählte Einkunftsarten nach dem OECD-MA

Bedeutung, welchen Rechtsstand das jeweilige Doppelbesteuerungsabkommen zum Begriff der Betriebsstätte hat.

Wie ermittelt sich der Gewinn einer Betriebsstätte?
Direkt an dieser Stelle: Verrechnungspreise, also die Preise, zu denen Leistungen zwischen einem Unternehmen und seiner Betriebsstätte aufgeteilt werden müssen, sind ein sehr komplexes Thema. Wir beschränken uns daher auf eine grobe inhaltliche Übersicht.

Liegt eine Betriebsstätte des Unternehmens im Ausland vor, sieht man sich mit dem Problem konfrontiert, den Unternehmensgewinn auf das Stammhaus im Sitz- oder Ansässigkeitsstaat und die ausländische Betriebsstätte aufzuteilen. Angesichts der unterschiedlichen nationalen Gewinnermittlungsvorschriften ist dies eine echte Herausforderung. Das OECD-MA selbst enthält keine Gewinnermittlungsvorschriften, sehr wohl aber die Kommentierung zum OECD-MA. Im Jahr 2008 wurde der sogenannte Authorised OECD Approach (AOA) zur Leitlinie der Betriebsstättengewinnermittlung erkoren. Danach soll die Betriebsstätte als eigenständiges und selbstständiges Unternehmen – mit eigenen Chancen und Risiken betrachtet werden (Functionally Separate Entity Approach). Dazu ist im ersten Schritt zu ermitteln, welche Funktion die Betriebsstätte im Rahmen des Gesamtunternehmens einnimmt und welche Wirtschaftsgüter und welches Personal ihr dafür vom Stammhaus zur Verfügung gestellt werden müssen. Im zweiten Schritt soll sodann die Leistungsbeziehung (dealings) zwischen Stammhaus und Betriebsstätte über sachgerechte Verrechnungspreise abgebildet werden, um zu einer „richtigen" Ermittlung des Gewinns von Stammhaus und Betriebsstätte als Besteuerungsgrundlage zu gelangen.

In der Praxis wird durch eine geschickte Verrechnungspreispolitik versucht, Betriebsstättengewinne in Ländern mit niedrigen Ertragssteuersätzen hochzuhalten, um das Stammhaus zu entlasten. Bei Ländern mit hohen Ertragsteuersätzen versucht das Stammhaus, möglichst viel Gewinn beim Stammhaus zu belassen, um die Gesamtbesteuerung zu optimieren.

Welche Blüten dieses Spiel in der Praxis getrieben hat, kann man an den multinationalen Konzernen erkennen, die in Deutschland umfangreiche Geschäftstätigkeit entfalten und keine oder fast keine Ertragsteuern bezahlen, weil durch Lizenzen und ähnliche Umlagen die Bemessungsgrundlage für die deutsche Steuer minimiert wird. Dem wollen eine Vielzahl von Ländern unter Führung der OECD mit einem BEPS-Aktionsplan entgegentreten.

4.3.2 Einkünfte aus unselbstständiger Tätigkeit (Art. 15 OECD-MA)

Für Arbeitnehmerinnen und Arbeitnehmer sind die Vorschriften des Doppelbesteuerungsabkommens übersichtlicher: Die Vorschrift des Art. 15 OECD-MA (Abkommenstext im Anhang) sieht grundsätzlich eine Besteuerung der Einkünfte im Wohnsitzstaat der Arbeitnehmerin oder des Arbeitnehmers vor

Wird die Tätigkeit als Arbeitnehmerin oder Arbeitnehmer jedoch in einem vom Wohnsitzstaat (in der Regel Deutschland) abweichenden Staat (Land des ausländischen Homeoffices) ausgeübt, hat nach dem Tätigkeitsprinzip der Tätigkeitsstaat das Besteuerungsrecht – unabhängig davon, wo der Arbeitgeber seinen Sitz hat.

Nach Art. 15 Abs. 2 OECD-MA verbleit es jedoch bei der Besteuerung im Wohnsitzstaat (also meist Deutschland), wenn die drei nachfolgend genannten Voraussetzungen kumulativ erfüllt sind:

1. Die Arbeitnehmerin oder der Arbeitnehmer ist nicht mehr als 183 Tage innerhalb von zwölf Monaten in dem Staat tätig bzw. hält sich dort auf.
2. Die Vergütung wird nicht von einem Arbeitgeber bezahlt, der in dem Tätigkeitsstaat ansässig ist.
3. Die Vergütung wird nicht von einer Betriebsstätte getragen, die sich im Tätigkeitsstaat befindet.

Bei der kurzfristigen Entsendung eines Arbeitnehmers in einen anderen Staat, in dem der Arbeitgeber keinen Sitz und keine Betriebsstätte hat, werden somit die Lohneinkünfte der Arbeitnehmerin oder des Arbeitnehmers weiter im Wohnsitzstaat besteuert. Diese Durchbrechung des Tätigkeitsprinzips soll verhindern, dass eine Arbeitnehmerin oder ein Arbeitnehmer, die/der berufsbedingt sehr viel im Ausland unterwegs ist, in jedem Tätigkeitsstaat ab dem ersten Tag steuerpflichtig wird.

Wie schon bei den verschiedenen nationalen Regelungen zur unbeschränkten Steuerpflicht (siehe Abschn. 3.1) unterscheiden sich die Berechnungen der 183-Tage-Grenzen aus der ersten Voraussetzung erheblich zwischen Ländern. Neben Unterschieden hinsichtlich der Periode, auf die sich die 183 Tage beziehen (Kalenderjahr, Steuerjahr, Zwölf-Monats-Zeitraum, der innerhalb des Steuerjahrs anfängt oder aufhört), wird in Doppelbesteuerungsabkommen zusätzlich zwischen Aufenthaltstagen und Tätigkeitstagen unterschieden. Neben den bekannten Aufenthaltstagen stellen Tätigkeitstage tatsächlich nur auf Tage ab, an denen im

4.3 Ausgewählte Einkunftsarten nach dem OECD-MA

anderen Land gearbeitet wurde. Allerdings werden – wie etwa im DBA mit Belgien – regelmäßig auch Wochenenden und Urlaubstage mit einbezogen.

Beispiel: Einkünfte aus unselbstständiger Arbeit nach dem OECD-MA – Aufenthaltstage und Tätigkeitstage

Olaf ist Buchhalter eines maschinenbauenden Betriebs und verbringt die Zeit vom 1. März 2022 bis 15. September 2022 (199 Tage) im Homeoffice in einem kleinen Haus in der Nähe von Bergen in Norwegen. Norwegen nimmt daher national eine unbeschränkte Steuerpflicht an. Olaf hat aber auch einen Wohnsitz in Deutschland und ist daher auch in Deutschland unbeschränkt steuerpflichtig. Zudem ist Hannover sein Lebensmittelpunkt, da dort unter anderem seine Partnerin lebt und er in einigen Vereinen aktiv ist. Der maschinenbauende Betrieb ist in Norwegen nicht ansässig, Olafs Homeoffice löst dort zudem nach nationalen Regeln keine Betriebsstätte aus. Olaf nimmt in der Zeit in Norwegen keinen Urlaub.

Folge: Zunächst fällt die Ansässigkeit nach Art. 4 Abs. 2 des DBA Deutschland-Norwegen auf Deutschland, da sich hier Olafs Lebensmittelpunkt befindet. Nach Art. 15 Abs. 2 des DBA Deutschland-Norwegen darf Norwegen allerdings Olafs Gehalt in 2022 besteuern, da sich Olaf dort in einer Zwölf-Monats-Periode, die sogar im Steuerjahr anfängt und endet (siehe Abschn. 9.19), länger als 183 Tage aufgehalten hat. Deutschland stellt dieses Einkommen frei.

Abwandlung: Olaf verbringt seine ausländische Homeoffice-Zeit in Dänemark. Im DBA Deutschland-Dänemark wird in Artikel 15 Abs. 2 auf Tätigkeitstage abgestellt, Wochenenden und Urlaubstage werden nicht mit einberechnet. Von den 199 Tagen in Dänemark entfallen 56 Tage auf Wochenenden, weshalb Olaf im Zeitraum in Dänemark lediglich 143 Tätigkeitstage vorzuweisen hat. Olafs Gehalt wird daher ausschließlich in Deutschland besteuert. ◄

Eine Besonderheit bei der Besteuerung von Arbeitnehmerinnen und Arbeitnehmern im internationalen Kontext stellt die Grenzgängerregelung dar. Grenzgänger sind Arbeitnehmerinnen und Arbeitnehmer, die arbeitstäglich ihren Wohnsitzstaat verlassen, um im benachbarten Tätigkeitsstaat zu arbeiten. Enthält ein DBA eine Grenzgängerregelung, verbleibt es in diesem Fall – entgegen der Regelung des Art. 15 OECD-MA – bei der Besteuerung der Lohneinkünfte im Wohnsitzstaat. Deutschland hat mit Frankreich, Österreich und der Schweiz solche Grenzgängerregelungen getroffen.

Als lex specialis sind die in Abschn. 4.3 erwähnten Sondervorschriften für Aufsichtsräte, Künstler, Sportler, Rentner, Beamte, Studenten und Hochschullehrer im OECD-MA zu beachten – auf diese gehen wir nicht weiter in der Tiefe ein.

In der Praxis bedeutsam ist die Zuweisung des Besteuerungsrechts für Abfindungen. Jahrelang war es bei leitenden Mitarbeitern von multinationalen Unternehmen Usus, den Wohnsitz im Jahr der Zahlung einer Abfindung in einen „günstigen" Staat zu verlegen. Sofern diese Einkünfte keinem bestimmten Tätigkeitsstaat zugeordnet werden können, bleibt es bei der Versteuerung im Wohnsitzstaat. Deutschland hat mit zahlreichen Staaten sogenannte Verständigungsvereinbarungen getroffen. Danach bleibt es bei der Besteuerung der Abfindungen im Wohnsitzstaat, wenn diese Versorgungscharakter haben. Ist dies nicht der Fall, werden sie im (früheren) Tätigkeitsstaat besteuert.

4.4 Methoden zur Vermeidung der Doppelbesteuerung

Eine doppelte Besteuerung von Einkommen und Vermögen wird, wie oben gezeigt, vermieden, indem einem Staat das Besteuerungsrecht für eine Einkunftsquelle zugewiesen wird und dem anderen Staat entzogen wird. Aber so einfach wie im Straßenverkehr, dass die einen an der Ampel bei Grün fahren dürfen und die anderen bei Rot halten müssen, ist es – wie sich zeigen wird – in der Steuerpraxis nicht.

Das OECD-MA kennt zwei Methoden der Vermeidung der Doppelbesteuerung:

- Die Freistellungsmethode gem. Art. 23 A OECD-MA
- Die Anrechnungsmethode gem. Art. 23 B OECD-MA

Die deutschen Abkommen enthalten beide Methoden. Im Regelfall – insbesondere, wenn keine der in Abschn. 4.5 genannten Ausnahmen oder Rückfallklauseln ins Spiel kommen – befreit Deutschland im Ausland zu versteuerndes Einkommen.

4.4.1 Freistellungsmethode oder Befreiungsmethode

Am ehesten mit dem vorherigen Ampel-Beispiel vergleichbar ist bei Vermeidung der Doppelbesteuerung die Befreiungsmethode. Hier kommen Staaten überein, dass einem Staat das Besteuerungsrecht für eine bestimmte Einkunftsquelle zugewiesen wird und der andere auf das Besteuerungsrecht verzichtet. Mit dem Verzicht geht in Deutschland immer einher, dass die freigestellten Einkünfte für die

4.4 Methoden zur Vermeidung der Doppelbesteuerung

Ermittlung des national anzuwendenden Steuersatzes auf die inländischen Einkünfte herangezogen werden, das nennt man Progressionsvorbehalt. Dies ist nachteilig für Steuerpflichtige, da höhere Einkommen mit einem höheren durchschnittlichen Steuersatz belastet werden.

Stark vereinfachtes Beispiel: Freistellung mit Progressionsvorbehalt

Miriam ist selbstständige Programmiererin und in Deutschland unbeschränkt steuerpflichtig. Im Jahr 2021 hat sie mit ihrer Tätigkeit ein Einkommen von insgesamt 100.000 € erwirtschaftet – 50.000 € entfallen davon auf eine Betriebsstätte in Portugal, wo sie beschränkt steuerpflichtig ist. Die Betriebsstätte hält den Anforderungen des DBA Deutschland-Portugal stand.

Folge: Die 50.000 € muss Miriam regulär in Portugal versteuern, Deutschland stellt diese unter Progressionsvorbehalt frei.

Vereinfachend wäre Miriams durchschnittlicher Steuersatz bei einem Einkommen von 50.000 € in Deutschland 25 %. Wegen des Progressionsvorbehalts auf die freigestellten portugiesischen Einkünfte muss Miriam aber nun ihren durchschnittlichen Steuersatz bei einem Einkommen von 100.000 € berechnen – dieser beträgt 35 %. Diesen Steuersatz wendet Miriam nun auf ihr Einkommen von 50.000 € an, weshalb sie in Deutschland 17.500 € (= 50.000 € x 35 %) Einkommensteuer zahlen muss. ◄

Die Befreiungsmethode wird – wie in Kap. 9 immer genau für jedes Land aufgeführt – vor allem für die Einkünfte angewandt, die besonders stark mit dem Quellenstaat verbunden sind. Die Idee dabei ist, dass dieser Staat in der Regel aus seinen Steuergeldern die infrastrukturellen Voraussetzungen schafft, um diese Einkunftsquellen zu ermöglichen, deswegen soll diesem Staat auch das (alleinige) Besteuerungsrecht zustehen.

Die Freistellung findet regelmäßig aber nur dann statt, wenn der Quellenstaat das Abkommen so auslegt, dass es auch zu einer Besteuerung im Quellenstaat kommt. Würde dies nicht der Fall sein, lägen „weiße Einkünfte" vor, die das Doppelbesteuerungsabkommen auch vermeiden will. Und auch nationale Steuerregelungen greifen, wie in Abschn. 4.5 gezeigt, wenn es zu einer doppelten Nicht-Besteuerung kommen würde.

4.4.2 Anrechnungsmethode

Die Anrechnungsmethode kommt, wenn Deutschland der Wohnsitzstaat ist, vorwiegend bei Einkünften zum Tragen, die eher dem Wohnsitzstaat des Steuerpflichtigen zuzurechnen sind. Bei den besprochenen Unternehmenseinkünften und Einkünften aus unselbstständiger Tätigkeit wird sie in der Regel nicht angewandt. Der Fall ist das hingegen insbesondere bei Einkünften aus Zinsen, Dividenden und Lizenzen sowie den Einkünften von Berufssportlern, Künstlern und Aufsichtsräten. Hier geht man davon aus, dass diese Einkünfte eher mit dem Wohnsitzstaat verknüpft sind.

Vorsicht: Einige andere Länder (siehe Kap. 9) stellen in Deutschland erwirtschaftetes Einkommen – auch Unternehmenseinkünfte oder Einkünfte aus unselbstständiger Tätigkeit – nie frei, sondern ermöglichen lediglich die Anrechnung auf die jeweilige inländische Steuer. Dies wird dann relevant, wenn die Ansässigkeit im Ausland liegt (siehe Abschn. 4.2) und noch weiter Einkünfte in Deutschland erwirtschaftet werden.

Ziel der Anrechnungsmethode ist es, den inländischen Steuerpflichtigen mit seinem gesamten Einkommen der inländischen Ertragsteuer zu unterwerfen, die ausländische Steuer kann über verschiedene Methoden auf die inländische Steuer angerechnet werden. Im Ergebnis wird der Steuerpflichtige mit seinen ausländischen Einkünften auf jeden Fall auf das inländische Steuerniveau hochgeschleust. Ist das ausländische Steuerniveau gleich oder höher als im Inland, kommt es zu keiner zusätzlichen inländischen Besteuerung. In keinem Fall der in Kap. 9 behandelten Länder kann aber mehr deutsche Steuer angerechnet werden, als im jeweiligen Land auf das in Deutschland erwirtschaftete Einkommen zu zahlen gewesen wäre. Dazu ein vereinfachtes Beispiel:

Beispiel: Anrechnungsmethode mit Beschränkung

Aaron ist selbstständiger Bioinformatiker und hat vor einigen Jahren seinen Traum verwirklicht, nach Thessaloniki in Griechenland zu ziehen und dort ein Labor aufzubauen. Dennoch betreibt er noch ein kleines Büro in seiner alten Heimat Kassel, um den Zugang zum deutschen Markt nicht zu verlieren. Insgesamt erwirtschaftet Aaron in 2021 einen Gewinn von 1 Mio. €. 200.000 € davon entfallen auf das Büro in Kassel, welches von Deutschland als Betriebsstätte angesehen wird, die auch dem DBA Deutschland-Griechenland standhält. Auf die 200.000 € entfallen in Deutschland Steuern in Höhe von 80.000 €. Griechenland möchte grundsätzlich das Welteinkommen von Aaron i. H. v. 1 Mio. € besteuern, worauf 300.000 € fällig wären, lässt aber eine Anrechnung der deutschen Steuer bis zur Höhe der zu zahlenden griechischen Steuer zu.

Folge: Maximal kann Aaron in Griechenland 60.000 € der in Deutschland gezahlten Steuer anrechnen. Dazu wird das Einkommen aus Deutschland durch

4.4 Methoden zur Vermeidung der Doppelbesteuerung

das Welteinkommen geteilt und mit der griechischen Steuer auf das Welteinkommen multipliziert:

$$\left(\frac{200.000}{1.000.000}\right) * 300.000 = 60.000$$

Da in diesem stark vereinfachten Beispiel in Deutschland ein höherer Steuersatz als in Griechenland, dem Ansässigkeitsstaat von Aaron, gilt, kann Aaron nicht die ganze deutsche Steuer anrechnen, sondern muss mit einer Doppelbesteuerung von 20.000 € leben. ◀

Auch in Deutschland erfolgt die Anrechnung gem. § 34 c EStG in der Weise, dass zunächst die ausländischen Einkünfte der deutschen Besteuerung unterworfen werden und sodann die der deutschen Einkommen- oder Körperschaftsteuer entsprechende ausländische Steuer auf die deutsche Steuer angerechnet wird, soweit diese deutsche Steuer auf die ausländischen Einkünfte entfällt. Bei dieser Vorgehensweise spricht man von der direkten Steueranrechnung. Hierbei ist zusätzlich zu beachten, dass eine Beschränkung pro Land gilt, was unvorteilhaft sein kann, wenn Einkünfte aus mehreren Ländern bezogen werden. Auch dazu ein vereinfachtes Beispiel:

Beispiel: Anrechnungsmethode mit Beschränkung pro Land

Die Beta AG ist unbeschränkt in Deutschland steuerpflichtig (Steuersatz 30 %) und hat ein Welteinkommen von 1 Mio. €. Davon entfallen jeweils 100.000 € auf Lizenzerträge einer Betriebsstätte in Brasilien (Steuersatz 35 %) und Bulgarien (Steuersatz 10 %). Nach den jeweiligen DBAs rechnet Deutschland daher die ausländischen Steuern auf die zu zahlende deutsche Steuer an, beschränkt dies aber pro Land auf die in Deutschland auf das jeweilige Einkommen fällig gewordene Steuer.

Folge: In Deutschland wären auf das Welteinkommen von 1 Mio. € 300.000 € Steuern fällig geworden. Maximal können nun – jeweils separat für Bulgarien und Brasilien – 30.000 € ausländischer Steuern auf die deutsche Steuer angerechnet werden:

$$\left(\frac{100.000}{1.000.000}\right) * 300.000 = 30.000$$

Für Bulgarien (Steuerzahlung 10.000 €) kann die gesamte Steuer angerechnet werden. Für Brasilien (Steuerzahlung 35.000 €) geht dies nicht, die Anrechnung ist auf 30.000 € begrenzt. Für die Beta AG bedeutet dies eine Doppelbesteuerung in Höhe von 5000 €. ◄

In Spezialfällen kann es in Deutschland auch zu einer fiktiven Steueranrechnung kommen. Dies ist dann der Fall, wenn das Abkommen vorsieht, dass eine im Quellenstaat nicht entstandene – also fiktive – Steuer auf die deutsche Einkommensteuer angerechnet wird. Diese Methode findet in Abkommen dann Anwendung, wenn ein im Quellenstaat vorgesehener Steueranreiz nicht durch die direkte Anrechnungsmethode zunichte gemacht werden soll.

4.5 Ausnahmen, Rückfallklauseln

Da es in der Praxis eine Vielzahl von Gestaltungen gibt, die aus Sicht der am Doppelbesteuerungsabkommen beteiligten Staaten nicht geregelt sind oder nicht wünschenswert sind, existieren diverse Rückfall- oder Escape-Klauseln in Abkommen oder auch im nationalen Steuerrecht, um die Besteuerung sicherzustellen. Hierzu zählen zum Beispiel:

- Die Subject-to-Tax-Klausel: Eine solche Klausel findet sich in vielen DBA Deutschlands und stellt eine Besteuerung in Deutschland von eigentlich freigestelltem Einkommen sicher, wenn der Quellenstaat dies nicht besteuert. Eine solche Regel findet sich in unterschiedlichen Formen in den DBA mit Bulgarien, Dänemark, Italien, Neuseeland, Norwegen, Österreich, Schweden, Schweiz, Spanien, Ungarn, USA und dem Vereinigten Königreich.

Beispiel: Subject-to-Tax-Klausel

Melissa ist selbstständige IT-Unternehmerin mit Sitz in Essen und hat eine Betriebsstätte im Kanton Zug in der Schweiz, mit der sie 100.000 € erwirtschaftet. Deutschland stellt diese Einkünfte aufgrund des DBA Deutschland-Schweiz grundsätzlich frei. Aufgrund einer steuerlich attraktiven Regelung im Kanton Zug muss Melissa in der Schweiz auf ihr Einkommen aber keine Steuern zahlen.

Folge: Da das DBA Deutschland-Schweiz eine Subject-to-Tax-Klausel vorsieht, muss Melissa das ursprünglich freigestellte Einkommen aus der Schweiz in Deutschland versteuern. ◄

4.5 Ausnahmen, Rückfallklauseln

- Das Remittance-Base-Prinzip: Auch hier geht es um die Vermeidung unbesteuerten Einkommens, speziell dadurch, dass ein Land ein Besteuerungsrecht auf Einkommen hat, dieses aber nur in der Höhe ausübt, in der Geld tatsächlich ins Land geflossen ist. Eine solche Regel existiert etwa mit Irland und dem Vereinigten Königreich.
- Switch-over-Klausel: Diese Regel greift unter den gleichen Voraussetzungen wie die Subject- to-Tax-Klausel. Hier geht aber nicht das komplette Besteuerungsrecht über, es wird lediglich von der Freistellungs- zur Anrechnungsmethode gewechselt. Eine solche Regel existiert etwa in den DBAs mit Irland, Spanien und der Türkei.
- Treaty Override: Hierbei handelt es sich um keine Klausel in einem DBA, sondern eigentlich um einen Bruch internationalen Rechts. Stellt Deutschland fest, dass durch ein bestimmtes DBA unrechtmäßig Steuervorteile erzielt werden, und findet es keine diplomatische Lösung mit dem anderen Land, so kann es einseitig bestimmte Abkommensvorteile national aufkündigen.

Diese Ausnahmen sind national und international teilweise sehr umstritten und werden immer wieder –mit unterschiedlichen Ergebnissen – gerichtlich überprüft.

5 Ohne Doppelbesteuerungsabkommen: Nationale Maßnahmen gegen Doppelbesteuerung

Das Studium des vorstehenden Kap. 4 ist leider komplett obsolet, wenn sich der zu beurteilende Steuerfall zwischen zwei Staaten abspielt, die kein Doppelbesteuerungsabkommen geschlossen haben. Von den in Kap. 9 genannten Ländern ist dies etwa mit Brasilien und den Vereinigten Arabischen Emiraten der Fall. Da es hier kein bilaterales Vertragswerk zur Vermeidung der Doppelbesteuerung gibt, liegt es allein an der nationalen Steuergesetzgebung, Doppelbesteuerung zu vermeiden oder abzumildern. Da sich Deutschland dem Grundsatz verschrieben hat, seine Steuerbürger nach der wirtschaftlichen Leistungsfähigkeit zu besteuern, muss eine solche Vermeidung oder Abmilderung im Steuergesetz verankert werden, da es, wie oben aufgeführt, durchaus noch den ein oder anderen Staat gibt, mit dem kein Doppelbesteuerungsabkommen ausgehandelt wurde.

Um in den Genuss dieser nationalen Methoden der Doppelbesteuerungsbefreiung nach § 34c EStG zu kommen, muss – neben dem Nicht-Vorliegen eines DBA – eine Vielzahl an Voraussetzungen erfüllt sein:

- Die Person oder Kapitalgesellschaft muss in Deutschland unbeschränkt steuerpflichtig sein.
- Die ausländischen Einkünfte müssen aus unselbstständiger Tätigkeit, einer Betriebsstätte oder weiteren, in § 34 EStG gelisteten Tätigkeiten stammen.
- Die ausländische Steuer muss der deutschen Einkommens- oder Körperschaftsteuer ähneln.
- Die ausländische Steuer muss tatsächlich gezahlt worden sein.
- In dem Land, in dem die Steuer gezahlt wurde, muss das Einkommen auch tatsächlich erzielt worden sein. Letztlich soll das heißen, dass in dem Land nicht nur eine zwischengeschaltete Gesellschaft sitzt.

Zunächst muss der Steuerpflichtige in den Fällen, in denen kein Doppelbesteuerungsabkommen besteht, nach dem Welteinkommensprinzip seine gesamten Einkünfte der deutschen Einkommensteuer bzw. Körperschaftsteuer unterwerfen.

Die Vermeidung oder Abmilderung der Doppelbesteuerung findet sodann (über § 34 c EStG, § 34 d EStG und § 26 KStG) in analoger Weise wie die Anrechnungsmethode gem. Art. 23 B OECD-MA statt (für die Funktionsweise der Anrechnung und Beispiele siehe Abschn. 4.4), nur eben geregelt auf nationaler Ebene und nicht gegenseitig wirkend wie im Vertrag. Der Steuerpflichtige darf die im Ausland bezahlte Ertragsteuer von der deutschen Einkommensteuer oder Körperschaftsteuer insoweit abziehen, als diese auf die ausländischen Einkünfte entfällt. In ungünstigen Konstellationen, z. B. wenn in Deutschland wegen Verlusten oder Verlustvorträgen keine Steuer bezahlt wird, geht die Anrechnung ins Leere.

Insbesondere wenn man in Deutschland einen Verlust zu verzeichnen hat, gibt es eine weitere Möglichkeit der Befreiung von der Doppelbesteuerung: Auf Antrag kann statt der Anrechnung die Steuer auf ausländische Einkünfte gem. § 34 c Abs. 2 EStG von den Einkünften abgezogen werden. Hier muss der Steuerpflichtige im Rahmen einer Günstigerprüfung selbst ermitteln, ob ein solcher Antrag wirtschaftlich sinnvoll ist.

Die ausländische Steuer ist (kein Antrag) außerdem immer von den Einkünften abzuziehen, wenn die ausländische Steuer nicht der deutschen Einkommensteuer entspricht oder die Steuer nicht von dem Staat erhoben wurde, aus dem die Einkünfte stammen (§ 34 c Abs. 3 EStG).

Beispiel: Abzugsmethode statt Anrechnungsmethode

Ein Angestellter der Digistrength AG aus Münster hat durch sein Homeoffice im Brasilien eine Betriebsstätte der Firma dort begründet, weshalb die Digistrength AG dort im Jahr 2021 auf einen Gewinn von 50.000 € 35 % Steuern zu zahlen hat, also 17.500 €. Im Deutschland verzeichnet die Digistrength AG im selben Jahr einen steuerlichen Verlust von 100.000 €. Mit Brasilien existiert kein Doppelbesteuerungsabkommen.

Folge: Die Anrechnungsmethode würde der Digistrength AG wenig bringen, da sie durch ihren Verlust in 2021 keine Steuern in Deutschland zahlt. Die Digistrength AG entscheidet sich daher für die Abzugsmethode und stellt so für 2021 einen Verlustvortrag von 117.500 € (= 100.000 + 17.500) fest, den sie in der Zukunft von Gewinnen abziehen kann. ◄

6 Zusammenfassung: Der steuerlich richtige Umgang von Unternehmen mit Arbeitnehmerinnen und Arbeitnehmern im Ausland

Dieses Kapitel fasst noch einmal die wichtigsten Erkenntnisse aus den vorigen Kapiteln für Unternehmen sowie Arbeitnehmerinnen und Arbeitnehmer zusammen. In den folgenden Ausführungen wird davon ausgegangen, dass ein inländisches Unternehmen eine Arbeitnehmerin oder einen Arbeitnehmer im Ausland beschäftigt, der seinen Wohnsitz im Inland hat.

6.1 Beschäftigung im Rahmen einer Betriebsstätte

Zunächst wird davon ausgegangen, dass die Arbeitnehmerin oder der Arbeitnehmer im Rahmen einer Betriebsstätte im Sinne von Art. 5 OECD-MA beschäftigt wird. Die Betriebsstätte kann etwa dadurch entstanden sein, dass die Arbeitnehmerin oder der Arbeitnehmer durch ihre lange Homeoffice-Tätigkeit eine solche im Ausland begründet hat (mehr dazu in Abschn. 3.2 sowie 4.3.1).

6.1.1 Mit Doppelbesteuerungsabkommen

Für den Fall, dass die Unternehmerin bzw. der Unternehmer (Arbeitgeber) im Inland den Sitz hat und im Ausland eine Betriebsstätte unterhält und zwischen den beiden beteiligten Staaten ein Doppelbesteuerungsabkommen besteht, gilt Folgendes.

Für das Unternehmen
Die Unternehmerin bzw. der Unternehmer ist im Inland unbeschränkt einkommen- oder körperschaftsteuerpflichtig, und zwar mit seinem Welteinkommen. Bei Vorliegen einer Betriebsstätte – zuerst im nationalen Sinne des anderen Landes, als Zweites im Sinne von Art. 5 OECD-MA – wird die Unternehmerin bzw. der Unternehmer mit dieser im Betriebsstättenstaat steuerpflichtig. Art. 7 OECD-MA weist dem Staat das Besteuerungsrecht zu, in dem die Betriebsstätte liegt. Die Vermeidung der Doppelbesteuerung erfolgt gem. Art. 23 A OECD-MA in der Weise, dass der Ansässigkeitsstaat die ausländischen Einkünfte freistellt.

Die Herausforderung besteht nun darin, einen sachgerechten Gewinn für diese Betriebsstätte zu ermitteln und der ausländischen Besteuerung zu unterwerfen. Gehaltsaufwendungen für die in der Betriebsstätte tätigen Arbeitnehmerinnen oder Arbeitnehmer sind bei der Ermittlung des Gewinns der Betriebsstätte (anteilig) zu berücksichtigen. Sind die Arbeitnehmerinnen oder Arbeitnehmer im Ausland auch für das inländische Stammhaus tätig, muss eine sachgerechte Aufteilung der Aufwendungen erfolgen. Die im Ausland für die Betriebsstätte gezahlte Steuer bleibt definitiv, es kann zu keiner Anrechnung kommen, da die ausländischen Einkünfte im Inland freigestellt sind. Wenn das Unternehmen eine selbstständige Tätigkeit oder Personengesellschaft ist, werden die ausländischen Einkünfte allerdings bei der Progression mit berücksichtigt.

Für die Arbeitnehmerin bzw. den Arbeitnehmer
Die Arbeitnehmerin bzw. der Arbeitnehmer mit Wohnsitz im Inland bezieht Einkünfte aus unselbstständiger Tätigkeit. Da die Arbeitnehmerin bzw. der Arbeitnehmer im Ausland tätig ist, muss sie/er diese gem. Art. 15 OECD-MA im Ausland versteuern. Der „Rückfall" der Einkünfte über Art. 15 Abs. 2 OECD-MA findet nicht statt, weil die Vergütung der Arbeitnehmerin oder des Arbeitnehmers von einer Betriebsstätte des Arbeitgebers getragen wird (Art. 15 Abs. 2 Bucht. C OECD-MA). Auf die Anzahl der Tage der Beschäftigung in der ausländischen Betriebsstätte kommt es nicht an.

Unter Umständen muss auch eine unbeschränkte Steuerpflicht im Ausland (Abschn. 3.1 und Kap. 9) geprüft werden, dann müsste grundsätzlich das Welteinkommen auch im Ausland versteuert werden. Hier muss nun das DBA zunächst auf die Ansässigkeit (Abschn. 4.2) geprüft werden.

> **Beispiel: Arbeitnehmer arbeitet im Rahmen einer Betriebsstätte, DBA liegt vor**
>
> Michael ist neben seiner Angestelltentätigkeit bei der Primusnota GmbH Naturliebhaber und verbringt daher jedes Jahr die Sommermonate zum Homeoffice

in Schweden. Da sich Michael dort schon gut eingerichtet hat und die Primusnota GmbH während des Sommers schon gar keinen Arbeitsplatz mehr für Michael bereithält, nimmt Schweden für 2021 eine Betriebsstätte der Primusnota GmbH an, die auch dem DBA standhält.

Folge: Die Primusnota GmbH muss nun den mit Michael in Schweden erwirtschafteten Gewinn auch dort versteuern. Dabei kann sie Michaels Lohn für die Zeit in Schweden abziehen. Deutschland stellt die Einkünfte frei.

Eine unbeschränkte Steuerpflicht in Schweden kommt für Michael nicht in Betracht. Michael muss nun die während seiner Zeit in Schweden erhaltenen Gehaltszahlungen dort versteuern. Deutschland stellt auch diese frei. ◄

6.1.2 Ohne Doppelbesteuerungsabkommen

Wieder soll das Unternehmen bzw. die unternehmerisch tätige Person den Sitz im Inland haben und die Arbeitnehmerin bzw. der Arbeitnehmer im Rahmen einer Betriebsstätte in einem ausländischen Staat beschäftigen, mit dem aber kein Doppelbesteuerungsabkommen besteht.

Dabei gilt Folgendes:

Für das Unternehmen
Die Unternehmerin bzw. der Unternehmer unterliegt mit seinem Welteinkommen – auch dem aus der ausländischen Betriebsstätte – der deutschen Ertragsteuer. Die Unternehmerin bzw. der Unternehmer kann die im Ausland bezahlte Steuer auf die deutsche Steuer anrechnen, soweit diese auf die ausländischen Einkünfte entfällt. Eine Anrechnung darüber hinaus ist nicht möglich.

Für die Arbeitnehmerin bzw. den Arbeitnehmer
Da die Arbeitnehmerin oder der Arbeitnehmer den Wohnsitz im Inland hat, ist sie/er unbeschränkt einkommensteuerpflichtig, auch mit den ausländischen Einkünften aus unselbstständiger Arbeit. Auch er kann die auf seine ausländischen Einkünfte bezahlten Steuern auf die deutsche Steuer anrechnen, soweit diese auf die ausländischen Einkünfte entfällt.

Unter Umständen ist auch eine unbeschränkte Steuerpflicht im Ausland (Abschn. 3.1 und Kap. 9) zu prüfen, dann müsste grundsätzlich das Welteinkommen auch im Ausland versteuert werden. Eventuell kann mithilfe eines Verständigungsverfahrens der Länder eine Ansässigkeit wie im DBA-Fall festgestellt werden.

> **Abwandlung des Beispiels aus 6.1.1: Arbeitnehmer arbeitet im Rahmen einer Betriebsstätte, DBA liegt nicht vor**
>
> Nehmen wir an, Michael fährst anstatt nach Schweden jeden Winter nach Brasilien und begründet dort eine Betriebsstätte bzw. das brasilianische Pendant, eine steuerpflichtige Präsenz. Mit Brasilien besteht kein DBA mit Deutschland.
>
> Folge: Die Primusnota GmbH muss nun den mit Michael in Brasilien erwirtschafteten Gewinn auch dort versteuern. Dabei kann sie Michaels Lohn für die Zeit in Schweden abziehen. Auch in Deutschland muss die Primusnota AG den Gewinn aus Brasilien versteuern, kann sich allerdings die brasilianische Steuer bis zur Höhe der in Deutschland auf die Einkünfte fälligen Steuer anrechnen lassen.
>
> Eine unbeschränkte Steuerpflicht in Brasilien kommt für Michael nicht in Betracht. Michael muss nun die während seiner Zeit in Brasilien erhaltenen Gehaltszahlungen dort versteuern. Auch in Deutschland muss er sein volles Gehalt, auch das aus Brasilien, versteuern, kann sich allerdings die brasilianische Steuer bis zur Höhe der in Deutschland auf die Einkünfte fälligen Steuer anrechnen lassen. ◄

6.2 Beschäftigung nicht im Rahmen einer Betriebsstätte

In den folgenden Fällen liegt keine Betriebsstätte im Ausland vor – etwa weil das Homeoffice der Arbeitnehmerin bzw. des Arbeitnehmers dort den nationalen Voraussetzungen einer Betriebsstätte nicht genügt hat. Wir gehen zudem davon aus, dass die Arbeitnehmerin bzw. der Arbeitnehmer auch nicht als ständiger Vertreter (siehe Abschn. 4.3.1) eingestuft wird.

6.2.1 Mit Doppelbesteuerungsabkommen

Für das Unternehmen
Die Unternehmerin bzw. der Unternehmer hat den Sitz im Inland und betreibt keine Betriebsstätte im Ausland. Damit ist sie bzw. er mit dem Welteinkommen im Inland steuerpflichtig – in diesem Fall entspricht das nationale Einkommen dem Welteinkommen. Das Einkommen wird „nur" der deutschen Steuer unterworfen,

6.2 Beschäftigung nicht im Rahmen einer Betriebsstätte

es liegt kein Anwendungsfall eines Doppelbesteuerungsabkommens vor, weil bezüglich des Unternehmens kein grenzüberschreitender Sachverhalt besteht.

Für die Arbeitnehmerin bzw. den Arbeitnehmer
Die Arbeitnehmerin bzw. der Arbeitnehmer ist laut Annahme im Inland unbeschränkt steuerpflichtig. Es muss auch eine unbeschränkte Steuerpflicht im Ausland (Abschn. 3.1 und Kap. 9) geprüft werden. Liegt diese nicht vor, ist eine beschränkte Steuerpflicht wegen der fehlenden Betriebsstätte des Unternehmens nahezu ausgeschlossen.

Sollte aber eine unbeschränkte Steuerpflicht auch im Ausland vorliegen, so ist für die Beurteilung der Zuweisung des Steuerrechts beim Arbeitnehmenden dann das Doppelbesteuerungsabkommen zu prüfen. Zunächst ist dabei die Frage der Ansässigkeit (Abschn. 4.2) zu klären, wobei wir von einer Ansässigkeit in Deutschland ausgehen. Da die Arbeitnehmerin bzw. der Arbeitnehmer weder im Rahmen einer Betriebsstätte beschäftigt wird und das Entgelt nicht von einem oder für einen Arbeitgeber bezahlt wird, der in dem Tätigkeitsstaat ansässig ist, kommt es darauf an, ob die Arbeitnehmerin oder der Arbeitnehmer mehr als 183 Tage oder bis zu 183 Tagen innerhalb eines Zeitraums von zwölf Monaten tätig ist bzw. sich dort aufhält – auf was genau abgestellt wird, findet sich in der Länderübersicht in Kap. 9.

Bei einer Tätigkeit/einem Aufenthalt von über 183 Tage im Ausland sind die Einkünfte im Ausland zu besteuern, bei einer Tätigkeit/einem Aufenthalt von 183 Tagen oder weniger sind die Einkünfte im Wohnsitzstaat, also im Inland steuerpflichtig.

Da die Steuerverwaltung in einigen Staaten, mit denen eine Doppelbesteuerungsabkommen besteht, nicht so funktioniert, wie sich der deutsche Fiskus das vorstellt, und um Missbrauchsfällen entgegenzuwirken, hat der deutsche Gesetzgeber mit einer Rückfallklausel gem. § 50 d Abs. 8 EStG eine Besteuerung von eigentlich im Ausland steuerpflichtigen Lohneinkünften vorgesehen, wenn die Versteuerung im Ausland nicht nachgewiesen wird.

> **Beispiel: Arbeitnehmerin arbeitet nicht im Rahmen einer Betriebsstätte, DBA liegt vor**
>
> Verena verbringt den kompletten Januar bis September 2021 beim Surfen in Portugal und ist von dort für ihren Arbeitgeber, den selbstständigen Architekten Archibald, im Homeoffice tätig. Portugal nimmt aufgrund ihres langen Aufenthalts eine unbeschränkte Steuerpflicht an. Eine Betriebsstätte für Archibald begründet ihre Homeoffice-Tätigkeit in Portugal nicht. In Deutschland hält sie einen festen Wohnsitz und hat dort nach wie vor ihren Lebensmittelpunkt, weswegen auch Deutschland eine unbeschränkte Steuerpflicht annimmt.

Folge: Mithilfe des DBA Deutschland-Portugal ermittelt Verena, dass sie wegen ihres Lebensmittelpunkts nach wie vor in Deutschland ansässig ist. Da sie sich aber mehr als 183 Tage im Kalenderjahr in Portugal aufgehalten hat (siehe Abschn. 9.22), ist sie mit ihrem Gehalt im Jahr 2021 in Portugal steuerpflichtig, Deutschland stellt dieses frei. Sollte Verena weitere Einkünfte in Deutschland haben, so erhöht sich durch ihre portugiesischen Einkünfte lediglich die Progression der Einkommensteuer.

Für Verenas Arbeitgeber Archibald hat Verenas Tätigkeit in Portugal keine Konsequenzen. ◄

6.2.2 Ohne Doppelbesteuerungsabkommen

Für das Unternehmen
Für den Fall, dass kein Doppelbesteuerungsabkommen vorliegt, sieht die Lösung für das Unternehmen aus wie im Fall mit Doppelbesteuerungsabkommen. Da für das Unternehmen kein Auslandsbezug vorliegt, versteuert es bzw. die unternehmerisch tätige Person das gesamte Einkommen in Deutschland, ausländische Steuern gibt es nicht und können somit auch nicht angerechnet werden.

Für die Arbeitnehmerin bzw. den Arbeitnehmer
Für die Arbeitnehmerin bzw. den Arbeitnehmer sieht die Besteuerung wie folgt aus. Als unbeschränkt steuerpflichtige Person unterliegt er bzw. sie im Inland nach dem Welteinkommensprinzip der Einkommensteuer. Es muss auch eine unbeschränkte Steuerpflicht im Ausland (Abschn. 3.1 und Kap. 9) geprüft werden. Liegt diese nicht vor, ist eine beschränkte Steuerpflicht wegen der fehlenden Betriebsstätte des Unternehmens nahezu ausgeschlossen.

Liegt nun eine unbeschränkte Steuerpflicht in beiden Ländern vor, so haben – da es keinen zwischenstaatlichen Vertrag gibt, der einen der beiden Staaten das Besteuerungsrecht zuweist – grundsätzlich beide Staaten das Besteuerungsrecht. Deutschland beseitigt die Doppelbesteuerung mit der nationalen Vorschrift des § 34 c EStG, die Arbeitnehmerin bzw. der Arbeitnehmer kann die nachgewiesene im Ausland angefallene Steuer auf diese Einkünfte auf die deutsche Einkommensteuer insoweit anrechnen, als diese auf die ausländischen Einkünfte entfällt.

6.2 Beschäftigung nicht im Rahmen einer Betriebsstätte

> **Abwandlung des Beispiels aus 6.2.1: Arbeitnehmerin arbeitet nicht im Rahmen einer Betriebsstätte, DBA liegt nicht vor**
>
> Nehmen wir an, dass Verena zum Surfen anstatt nach Portugal nach Brasilien (kein DBA) gegangen ist und von dort aus im Homeoffice gearbeitet hat.
>
> Folge: Verena ist in einer verzwickten Lage – sowohl Deutschland als auch Brasilien nehmen eine unbeschränkte Steuerpflicht an, es gibt kein DBA, welches die Besteuerungsrechte verteilen könnte. Verena wird daher in Brasilien auf ihr gesamtes Welteinkommen Steuern zahlen müssen. In Deutschland muss sie das ebenfalls, kann sich aber die brasilianische Steuer – bis zur Höhe der deutschen Steuer, die auf das Einkommen fällig wäre – anrechnen lassen.
>
> Für Verenas Arbeitgeber Archibald hat Verenas Tätigkeit in Brasilien wieder keine Konsequenzen. ◄

Sozialversicherungsrecht 7

Bislang wurden in diesem Buch „nur" die Ertragsteuern besprochen. Die Beschäftigung von Mitarbeitern begründet aber regelmäßig auch eine Sozialversicherungspflicht. Aufgrund der Neuheit des Phänomens Homeoffice ist dies leider noch eine sozialversicherungsrechtliche Grauzone. Wir zeigen mögliche Umgangsformen damit und gehen insbesondere auf die Entsendung von Arbeitnehmerinnen und Arbeitnehmern als eine mögliche Umgangsform mit dem Homeoffice im Ausland ein.

7.1 Homeoffice im Ausland – sozialversicherungsrechtliche Überlegungen

Die Arbeitnehmerin oder der Arbeitnehmer ist in der Regel allen Bereichen der Sozialversicherung zu unterwerfen, die da sind:

- Krankenversicherung
- Pflegeversicherung
- Rentenversicherung
- Arbeitslosenversicherung

Die Beiträge zu den vier Säulen werden hälftig von Arbeitnehmerin bzw. Arbeitnehmer und Unternehmen erbracht.

Ähnlich wie im Steuerrecht haben die verschiedenen Länder auch höchst unterschiedliche Sozialversicherungssysteme etabliert. Dies wird dann zur Herausforderung, wenn es Berührungspunkte zwischen zwei verschiedenen Systemen gibt. Die große Gefahr für Arbeitnehmerinnen und Arbeitnehmer liegt dabei insbesondere darin, entweder zweimal Beiträge zur Sozialversicherung zahlen zu müssen oder gar nicht, dann aber keinen Versicherungsschutz zu haben.

Da das Homeoffice im Ausland noch ein vergleichsweise neues Phänomen ist, haben sich leider oft noch keine expliziten Regeln hierfür etabliert. Im Gegensatz zur sogenannten „Entsendung", bei der Arbeitnehmerinnen und Arbeitnehmer nämlich explizit von ihrem Unternehmen ins Ausland geschickt werden, erfolgt das Homeoffice in aller Regel auf eigene Faust und ohne Anweisung „von oben".

Da das Thema sehr komplex ist, lassen wir an dieser Stelle Nicht-EU-Länder außen vor und empfehlen hier ganz klar die Konsultation lokaler Sachverständiger. Aber auch in der EU ist das Thema Homeoffice von Arbeitnehmerinnen und Arbeitnehmern im EU-Ausland sozialversicherungsrechtlich noch eine Grauzone. Grundsätzlich gilt hier nämlich, dass Tätigkeitsstaatsprinzip: Arbeitnehmerinnen und Arbeitnehmer sollen in dem Land, in dem sie tätig sind, sozialversichert sein. Damit soll auch eine adäquate, dem Tätigkeitsland entsprechende Sozialversicherung sichergestellt werden. Für das Homeoffice würde das streng genommen allerdings bedeuten, dass ab dem ersten Tag der Tätigkeit im Ausland die Sozialversicherung im Ausland gezahlt werden muss. Die dortige Sozialversicherung muss von ihren Leistungen nicht unbedingt schlechter sein. Das jeweilige Ab- und Anmelden würde allerdings einen extremen bürokratischen Aufwand bedeuten, der in dieser Form wohl von keiner beteiligten Partei gewollt ist.

Während der Corona-Pandemie ist davon auszugehen, dass das Tätigkeitsstaatsprinzip beim mobilen Arbeiten nicht in aller Strenge Anwendung findet, wofür auch ein Rundschreiben des Spitzenverbands der Gesetzlichen Krankenkassen (GKV) vom 17.03.2020 (RS 2020/167) spricht. Endet die Pandemie, dürfte mit diesen Ausnahmeregelungen aber Schluss sein.

Zwei mögliche Lösungen für den alleinigen Verbleib in der deutschen Sozialversicherung ergeben sich für Arbeitnehmerinnen und Arbeitnehmer mit Homeoffice im EU-Ausland – je nach gewünschter Länge des Homeoffice:

1. Das Homeoffice wird zeitlich im EU-Ausland klar begrenzt. Dabei ist insbesondere die Regel des Artikels 13 der EU Verordnung 883/2004 sowie Artikel 14 der Einführungshilfe 987/2009 zu beachten:
    - Die Arbeitnehmerin bzw. der Arbeitnehmer arbeitet (nicht Aufenthalt!) mindestens 25 % der Zeit (auf das Kalenderjahr bezogen) von Deutschland aus und insbesondere nicht mehr als 75 % der Zeit in einem anderen EU-Land.

7.1 Homeoffice im Ausland – sozialversicherungsrechtliche Überlegungen

- Es besteht nach wie vor ein Wohnsitz der Arbeitnehmerin bzw. des Arbeitnehmers in Deutschland

Sind diese Voraussetzungen gegeben und vor allem gut dokumentiert, bleibt die Arbeitnehmerin bzw. der Arbeitnehmer in Deutschland sozialversichert. Das gilt auch, wenn das Homeoffice neben den 25 % der Tätigkeit in Deutschland zwischen mehreren EU-Ländern wechselt.

Gegebenenfalls kann auch ein geringerer Teil der Arbeitszeit von Deutschland aus erbracht werden unter der Voraussetzung, dass neben dem Wohnsitz der Arbeitnehmerin bzw. des Arbeitnehmers auch der Sitz des Unternehmens in Deutschland liegt.

2. Wenn Bedarf an einem längeren Homeoffice im Ausland besteht, können die Arbeitnehmerin oder der Arbeitnehmer auch offiziell vom Arbeitgeber ins ausländische Homeoffice entsandt werden. Hierzu gibt es bereits ausführliche Regeln sowohl auf EU-Ebene als auch mit Drittstaaten. Diese Option wollen wir daher im Folgenden weiter ausführen.

Beispiel: Homeoffice und Sozialversicherungspflicht in der EU

Jana ist Angestellte der Ideenreich GmbH, die ihren Sitz in Koblenz hat. Jana hat im Winter 2021 genug vom kalten Deutschland – am 1. Januar 2021 packt sie sich ihren Laptop ein und macht bis Ende März 2021 in Teneriffa auf den zu Spanien gehörenden Kanarischen Inseln Homeoffice. Danach zieht sie für weitere sechs Monate nach Barcelona. Schließlich arbeitet sie von Oktober bis Dezember 2021 wieder von Koblenz aus für die Ideenreich GmbH. Ihre voll eingerichtete Wohnung in Koblenz behält sie die ganze Zeit.

Folge: Jana bleibt in 2021 in Deutschland sozialversicherungspflichtig, da sie 25 % ihrer Zeit in 2021 in Deutschland arbeitet.

Abwandlung: Hätte Jana in ihrer Zeit in Spanien ihren deutschen Wohnsitz aufgegeben (z. B. Untervermietung der Wohnung), wäre sie in Spanien sozialversicherungspflichtig geworden. Eine Möglichkeit, in der deutschen Sozialversicherung zu bleiben, wäre dann, dass sich Jana offiziell von der Ideenreich GmbH nach Spanien entsenden lässt. ◄

Übrigens: Selbstständige, die für eine Zeit von bis zu 24 Monaten im EU-Ausland ihre Tätigkeit ausüben, sind weiter in der deutschen Sozialversicherung versichert.

7.2 Entsendung als Option, bei zeitlich langem Homeoffice weiter in Deutschland sozialversichert zu sein

Im Folgenden wollen wir die Option der Entsendung von Arbeitnehmerinnen und Arbeitnehmern weiter beleuchten. Wie bereits erwähnt, liegt eine Entsendung vor, wenn Arbeitnehmerinnen und Arbeitnehmer explizit von ihrem Unternehmen ins Ausland entsandt werden.

In der EU dürfte die Regel nur interessant sein, wenn ein Homeoffice von mehr als 75 % der Tätigkeitszeit im Jahr im Ausland geplant ist. Im Nicht-EU-Ausland, insbesondere in Ländern ohne Sozialversicherungsabkommen, dürfte eine Entsendung vor allem Rechtssicherheit bedeuten, da es sich um ein etabliertes Instrument des Sozialversicherungsrechts handelt.

In der EU gilt für Entsendungen grundsätzlich EU-Recht. Bei Nicht-EU-Staaten ist zu unterscheiden: Mit manchen hat Deutschland ein sogenanntes Sozialversicherungsabkommen unterzeichnet, welches dann greift. Bei anderen Nicht-EU-Ländern haben die zuständigen Behörden in Deutschland selbst Grundsätze zur Entsendung ausgearbeitet.

Vorsicht: Entsendungen sind zwar Teil des Sozialversicherungsrechts und somit getrennt vom Steuerrecht. Mitunter kann eine Entsendung einer Arbeitnehmerin bzw. eines Arbeitnehmers aber ein Indiz für eine steuerliche Betriebsstätte des Unternehmens im Ausland sein – insbesondere als ständiger Vertreter. Die Voraussetzungen auf nationaler Ebene sowie aus dem DBA (siehe Abschn. 4.3.1) sind daher vor einer Entsendung unbedingt genau zu prüfen.

Ein Kuriosum an dieser Stelle: Es gibt auch eine innerdeutsche Entsendung! Durch die unterschiedlichen Bezugsgrößen in der Sozialversicherung bis 2025 sind bei Entsendungen von/nach den Rechtskreisen West zu den Westkreisen Ost die Regelungen zur Entsendung zu beachten.

7.2.1 Entsendung ins EU-Ausland

Wie bereits oben erwähnt, ist bei der Entsendung vorrangig EU-Recht zu beachten. Nach der EU-Entsenderichtlinie(96/71/EG) muss die entsandte Arbeitnehmerin bzw. der Arbeitnehmer die gleichen sozialversicherungsrechtlichen und arbeitsrechtlichen Rechte haben wie die/der Angestellte in dem entsandten Staat. Nach der EU-Verordnung VO (EG) 883/2004 unterliegt die deutsche Arbeitnehmerin bzw. der Arbeitnehmer weiterhin voll dem deutschen Sozialversicherungssystem, wenn

7.2 Entsendung als Option, bei zeitlich langem Homeoffice weiter ...

- die entsandte Arbeitnehmerin bzw. der Arbeitnehmer EU-Bürger ist,
- ein Beschäftigungsverhältnis mit einem in Deutschland ansässigen Unternehmen besteht,
- es sich um eine Entsendung handelt, das heißt eine tatsächliche Bewegung aus Deutschland heraus, und
- die Entsendungsdauer auf höchstens 24 Monate befristet ist (Verlängerung nicht möglich).

Entscheidend ist auch, dass durch die Entsendung nicht lediglich eine andere, zuvor vom Unternehmen entsandte Person im jeweiligen Land abgelöst wird. Damit soll verhindert werden, dass das Sozialversicherungsrecht eines Landes durch dauerhaftes, rotierendes Entsenden umgangen wird.

Für die Praxis ist wichtig, dass bei einer innereuropäischen Entsendung die Arbeitnehmerin oder der Arbeitnehmer immer eine Entsendebescheinigung (Formular A1) mitzuführen hat. Dieses Formular wird in der Regel über das Lohnabrechnungsprogramm maschinell erstellt.

7.2.2 Entsendung in Drittstaaten mit Sozialversicherungsabkommen

Mit einigen Nicht-EU-Ländern, sogenannten Drittstaaten, bestehen sogenannte Sozialversicherungsabkommen, die eine Entsendung regeln. Sozialversicherungsabkommen sind, wie Doppelbesteuerungsabkommen, zwischenstaatliche Verträge, die über den nationalen sozialversicherungsrechtlichen Vorschriften stehen. Die Länder der EU sowie Island, Liechtenstein, Norwegen und die Schweiz haben über das oben erläuterte EU-Recht über die sozialversicherungsrechtliche Beurteilung von Entsendungen Regelungen getroffen, insoweit brauchen diese Staaten untereinander keine Sozialversicherungsabkommen. Mit dem Vereinigten Königreich wurde im Partnerschaftsabkommen ebenfalls vereinbart, dass bei Entsendungen hinsichtlich der Sozialversicherung EU-Recht weiter gilt, ausgenommen sind lediglich Leistungen der Pflegeversicherung.

Derzeit hat Deutschland 22 Sozialversicherungsabkommen mit anderen Ländern. Von den Nicht-EU-Ländern aus Kap. 9 sind dabei folgende Länder abgedeckt:

- Australien
- Bosnien und Herzegowina
- Brasilien
- China (lediglich Entsendeabkommen)

- Indien
- Japan
- Kanada
- Serbien
- Türkei
- USA

Eine ausführliche Besprechung der jeweiligen Regeln sprengt den Rahmen dieses Buches. Ausführliche Broschüren zum jeweiligen Inhalt der Abkommen können aber auf der Website der Deutschen Rentenversicherung abgerufen werden.

7.2.3 Entsendung in Drittstaaten ohne Sozialversicherungsabkommen

Liegt mit Nicht-EU-Ländern, sogenannten Drittstaaten, kein Sozialversicherungsabkommen vor, so bildet das deutsche Recht die Grundlage für die sozialversicherungsrechtliche Beurteilung der Entsendung, genauer gesagt das Sozialgesetzbuch (SGB) IV.

Grundsätzlich lauten die Regeln dabei wie folgt: Bei einer Entsendung im Sinne der Ausstrahlung – das meint, dass Arbeitnehmerinnen oder Arbeitnehmer aus Deutschland weggehen – bleibt es bei der Versicherungspflicht im Inland, wenn folgenden Voraussetzungen kumulativ erfüllt sind:

- Die Entsendung erfolgt auf Weisung des Arbeitgebers
- Die Arbeitnehmerin bzw. der Arbeitnehmer begibt sich vom Inland ins Ausland, um dort eine Beschäftigung aufzunehmen
- Für die Arbeitnehmerin bzw. den Arbeitnehmer liegt weiter eine Inlandsintegration vor. Damit ist gemeint, dass die Person noch in den heimischen Betrieb eingegliedert ist, jederzeit vom Unternehmen zurückgerufen werden kann und vom Unternehmen grundsätzlich Weisungen empfängt.
- Die Tätigkeit ist im Voraus zeitlich begrenzt – entweder vertraglich oder durch die Eigenheit der Tätigkeit. Mit Letzterem ist gemeint, dass die Arbeitnehmerin bzw. der Arbeitnehmer etwa nach Deutschland zurückkehrt, wenn z. B. ein Gebäude fertig gebaut ist.

Auf die verwendeten Bezeichnungen in den vertraglichen Vereinbarungen zwischen Unternehmen und Arbeitnehmerin oder Arbeitnehmer kommt es nicht an, allein auf die objektiven Umstände. Die Entsendung kann sich auch durch mehrere

7.2 Entsendung als Option, bei zeitlich langem Homeoffice weiter ...

zeitlich aufeinanderfolgende Entsendungen in verschiedene Staaten darstellen. Wichtig ist, dass diese insgesamt von vornherein zeitlich begrenzt ist.

Auch ist eine Entsendung im Sinne des Verbleibens im inländischen Sozialversicherungssystem möglich, wenn zuvor keine Beschäftigung im Inland stattgefunden hat. Diese Fallkonstellationen finden sich in der Praxis häufig bei Berufsanfängern, Schülern und Studenten.

In der Vergangenheit wurde häufig über eine genaue Auslegung dieser Regeln gestritten. Um zu einer gemeinsamen Auslegung der in SGB IV verankerten Vorschriften zu kommen, gibt es eine gemeinsame Verlautbarung vom 18.03.2020 zur versicherungsrechtlichen Beurteilung entsandter Arbeitnehmerinnen und Arbeitnehmer, unter anderem vom schon erwähnten GKV-Spitzenverband. Grundsätzlich gelten danach die Vorschiften für die deutsche Sozialversicherung gem. § 3 Nr. 1 SGB IV nur für Arbeitnehmerinnen und Arbeitnehmer, die im Geltungsbereich des Gesetzes – also in Deutschland – eine tatsächliche Beschäftigung ausüben.

Tipps zur Dokumentation eines ausländischen Homeoffice 8

Wie im steuerrechtlichen sowie im sozialversicherungsrechtlichen Teil dieses Buches dargestellt, kommt es für die Beurteilung einer Tätigkeit einer Arbeitnehmerin bzw. eines Arbeitnehmers im Ausland nicht auf den Willen der Vertragsparteien an, sondern allein auf die objektiven Umstände des Einzelfalls. Gleiches gilt natürlich für Selbstständige oder Geschäftsführende von Kapitalgesellschaften. Da die Prüfung solcher Fälle durch entsprechende Behörden (Betriebsprüfung durch das Finanzamt, Sozialversicherungsprüfung durch den Prüfdienst der DRV) oft erst Jahre später erfolgt, sollte unbedingt von Beginn an lückenlos dokumentiert werden, wie diese ausländische Tätigkeit zustande kam, wie sie durchgeführt wurde und wie sie zum Abschluss gebracht wurde. Im Steuerrecht besteht nach dem Willen der Finanzverwaltung bei Auslandssachverhalten (BMF vom 03.12.2020) eine erhöhte Mitwirkungspflicht. Zudem ist zu beachten, dass nach § 89 AO die Amtssprache Deutsch ist. Prüfer können also durchweg eine deutsche Übersetzung von ausländischen Belegen, Rechnungen, Verträgen etc. verlangen. Schließlich ist darauf hinzuweisen, dass die Begründung einer ausländischen Betriebsstätte gem. § 138 Abs. 2 Satz 1 Nr. 1 AO beim zuständigen Finanzamt anzeigepflichtig ist.

Die zeitnahe Dokumentation ist aus vielerlei Gründen wichtig. Zum einen vergessen wir Menschen recht bald beziehungsweise es verfälschen sich die Erinnerungen. Zum anderen müssen die an dem Sachverhalt beteiligten Personen zum Prüfungszeitpunkt nicht mehr unbedingt verfügbar sein: Mitarbeiter kündigen, HR-Verantwortliche wechseln, Steuerberater werden ausgetauscht.

Aufgrund des oben Gesagten raten wir zu folgenden Dokumentationen:

Vor Beginn der Auslandstätigkeit:

- Wie kam es zu der Idee, dass der Arbeitnehmer im Ausland tätig wird?
- Welches betriebliche Ziel hat der Arbeitgeber mit der Tätigkeit seines Arbeitnehmers verfolgt?
- Von wem ging die Initiative aus?
- Welche betrieblichen Gründe führten zu dieser Tätigkeit?
- Gab es auch private Gründe für die ausländische Tätigkeit (Familie, Lebenspartner ...)?
- Von wem gingen welche vorbereitenden Handlungen für die Tätigkeit aus?
- Wie viele Tage verbrachte wer zur Vorbereitung der Tätigkeit im Ausland (Reiseberichte, Flugtickets, Bahnfahrkarten, Mautgebühren, Bewirtungsbelege, Hotelrechnungen ...)?
- Welche Berater waren im In- und Ausland an dem Vorhaben beteiligt (Honorarrechnungen)?
- Welche Kosten sind in der Vorbereitungsphase entstanden, wer hat sie getragen, wem wurden diese weiterberechnet (Buchhaltung, Kostenrechnung ...)?

Während der Auslandstätigkeit:

- Aufzeichnungen über den zeitlichen Aufenthalt sowie die Arbeitszeit im Ausland (wo, wann, in welchen Räumen)
- Aufzeichnungen und Nachweise über Rückreisen ins Inland
- Dokumentation der verrichteten Tätigkeit und deren Verwertung im Rahmen des Unternehmens
- Wurden Funktionen vom Stammhaus in die Betriebsstätte verlagert?
- Angefallene Kosten für die Tätigkeit im Ausland
- Vom inländischen Stammhaus zur Verfügung gestellte materielle und immaterielle Wirtschaftsgüter (Laptop, Ausstattung, aber potenziell auch Software etc.)
- Zahlenmäßige Ermittlung des „Erfolgs" der Tätigkeit
- Wie hat der Arbeitgeber die Tätigkeit der Arbeitnehmerin oder des Arbeitnehmers kontrolliert (Besuche, Reporting ...)?
- Dokumentation der für die Tätigkeit vor Ort abgeschlossenen Verträge (Miete, Leasing, Kauf, Lizenzen ...)
- Ansprechpartner während der Tätigkeit (Berater, Kunden, Behörden ...)
- Ausländische Steuererklärungen, Steuerbescheide und andere behördlichen Dokumente im Zusammenhang mit der Tätigkeit
- Nachweise und Belege für die Zahlung ausländischer (Sozial-)Versicherung
- Inwieweit hat die Arbeitnehmerin bzw. der Arbeitnehmer die Infrastruktur des Stammhauses nutzen können? Gab es noch einen Arbeitsplatz für die Person im deutschen Stammhaus?

Nach Abschluss der Tätigkeit:

- Abschließende Darstellung des „Erfolgs" – abgeschlossene Projekte, damit erzielter Umsatz
- Wie wurden die im Ausland abgeschlossenen Verträge abgewickelt?
- Ergebnisse behördlicher Prüfungen im Ausland
- Wurden überlassene Wirtschaftsgüter ins Stammhaus zurückgeführt?
- Werden Arbeitsergebnisse im Nachgang noch im Ausland verwertet?
- Welche Kosten sind nach Abschluss noch angefallen oder drohen anzufallen?

Aus steuerlichen, sozialversicherungsrechtlichen, aber auch aus arbeitsrechtlichen Gründen ist es zu empfehlen, für die Auslandstätigkeit eine (separate) Vereinbarung zu treffen, egal ob als eigener Arbeitsvertrag oder als Zusatz zu einem bestehenden Arbeitsvertrag. Auch kann eine Betriebsvereinbarung für das Arbeiten im ausländischen Homeoffice abgeschlossen werden. In dieser Vereinbarung sollte insbesondere enthalten sein:

- Beginn und Dauer der Auswärtstätigkeit
- Sinn und Zweck der Tätigkeit
- Die zur Verfügung gestellten Wirtschaftsgüter
- Mögliche Erfolgsbeteiligungen
- Darstellung von Budget-Verantwortlichkeiten
- Eventuelle Regelungen über die Nutzung der privaten Räume, Kfz, PC, … der Arbeitnehmerin oder des Arbeitnehmers und deren Vergütung
- Berichtspflichten der Arbeitnehmerin oder des Arbeitnehmers
- Erstattungspflicht von Reisekosten durch den Arbeitgeber
- Vertragliches und/oder nachvertragliches Wettbewerbsverbot für diese Tätigkeit
- Nebenbeschäftigungsverbot für diese Tätigkeit

Länderübersicht 9

Die folgende Liste an Ländern wurde basierend auf den vom Statistischen Bundesamt ermittelten populärsten Wegzugsländern der Deutschen bzw. in Deutschland lebender Menschen in 2019 und 2020 erstellt. Die nationalen steuerlichen Regelungen umfassen sowohl die Steuersätze im Land als auch die Steuerpflicht von natürlichen Personen und Unternehmen für das aktuelle Steuerjahr (Stand März 2022). Sollte es bestimmte steuerliche Vorteile für neu zugezogene Steuerpflichtige in einem Land geben, haben wir diese, soweit für uns ersichtlich, ebenfalls mit aufgenommen.

Diese Informationen sollen Ihnen vor allem dazu dienen, zu bestimmen, wann Sie in einem Land mit steuerlichen Pflichten konfrontiert sein können. Für Steuerplanungszwecke ist die Übersicht nur bedingt geeignet: Steuersätze können zwar einen Anhaltspunkt geben, wie viele Steuern Sie in einem Land zahlen müssen. Letztlich kommt dies aber auch auf die Bemessungsgrundlage an, auf die Sie Steuern zahlen müssen. Da die Regeln hierfür weltweit stark auseinanderfallen und für jedes Land ein eigenes Buch füllen könnten, haben wir in unserer Übersicht darauf verzichtet. Ein guter Anhaltspunkt zum Weiterlesen hierzu sind die online kostenfrei abrufbaren Worldwide Tax Summaries von PricewaterhouseCoopers in englischer Sprache.

Die Ausführungen zu den Regelungen des DBA mit Deutschland beziehen sich insbesondere auf Besonderheiten des jeweiligen DBA sowie potenzieller Zusatzvereinbarungen, die von den in Kap. 4 beschriebenen Regelungen des OECD-Musterabkommens abweichen. Die jeweiligen DBA können beim Bundesministerium für Finanzen abgerufen werden.

9.1 Australien

Steuersatz
Natürliche Personen: Progressiver Steuersatz, z. B. 32,5 % bis 120.000 AUD, 45 % für Einkommen über 180.000 AUD.

Körperschaftsteuersatz: 30 % (Kleine und Mittelständische Unternehmen 25 %).

Natürliche Personen: Steuerpflicht
Unbeschränkte Steuerpflicht bei Wohnsitz oder Aufenthalt von 183 oder mehr Tagen (kontinuierlich oder mit Unterbrechungen) im Steuerjahr. Das Steuerjahr geht dabei vom 01.07. eines Jahres bis zum 30.06. des Folgejahres. Die unbeschränkte Steuerpflicht bezieht sich auf das Welteinkommen.

Beschränkte Steuerpflicht (temporary resident), wenn Arbeitseinkommen erzielt wird, temporäres Visum gehalten wird und kein australischer Ehepartner.

Kapitalgesellschaften: Steuerpflicht
Unbeschränkte Steuerpflicht in Australien, jeweils wenn: 1. Unternehmen in Australien gegründet, 2. Unternehmen betreibt Geschäfte in Australien und hat dort Geschäftsleitung oder Mehrheit der Anteilseigner haben Australischen Wohnsitz. Konsequenz: Besteuerung des Welteinkommens.

Beschränkte Steuerpflicht bei Betriebsstätte nach üblichen Regeln (ohne Negativliste aus DBA).
Dauerhaftes Homeoffice aus Australien kann eine Betriebsstätte begründen. Die Australische Steuerbehörde ruft dazu auf, frühzeitig mit ihr in Kontakt zu treten, sollte das geplant sein oder bereits der Fall sein. Ausnahmen für Covid-bedingtes Homeoffice existieren.

DBA mit Deutschland
DBA ist vorhanden und folgt weitgehend dem OECD-MA. Für den 183-Tage-Zeitraum zur Festlegung des Besteuerungsrechts für unselbständige Arbeit wird auf den Aufenthalt innerhalb eines Zwölf-Monats-Zeitraums abgestellt, der während des betreffenden Steuerjahrs (s. o.) endet oder anfängt. Für in Australien mittels einer Betriebsstätte erwirtschaftete Unternehmensgewinne oder Einkünfte aus unselbständiger Arbeit, die in Australien ausgeübt wird, gilt in Deutschland die Freistellungsmethode. Andersherum rechnet Australien bei diesen Einkunftsarten die deutsche Steuer auf die australische Steuer an (Anrechnungsmethode).

Besonderheit: Eine Betriebsstätte wird nach Artikel 5 Absatz 4 bei Aufsichts- oder Beratungstätigkeiten für Bauausführungen länger als neun Monate angenommen sowie, wenn unter Einsatz wesentlicher Ausrüstung natürliche Ressourcen erforscht und ausgebeutet werden, bereits nach 90 Tagen.

9.2 Belgien

Steuersatz
Natürliche Personen: Progressiver Steuersatz, z. B. 40 % bis 24.480 €, 50 % ab 42.370 €.

Körperschaftsteuersatz: 25 % (für KMU: 20 % bis 100.000 € Einkommen). Teils wird, abhängig von Vorauszahlungen, ein Aufschlag von 6,75 % auf die festgesetzte Körperschaftsteuer verlangt.

Natürliche Personen: Steuerpflicht
Unbeschränkte Steuerpflicht bei Wohnsitz in Belgien.

Besonderheit: Ein Wohnsitz wird auch angenommen, wenn eine Eintragung in das nationale Bevölkerungsregister erfolgt ist oder Ehepartner mit abhängigen Kindern in Belgien leben. Eine 183-Tage-Regel besteht nicht. Das Steuerjahr geht vom 01.01. bis zum 31.12. eines Jahres. Die unbeschränkte Steuerpflicht bezieht sich auf das Welteinkommen.

Für ausländische Executives, Spezialisten und Forscher, die aus dem Ausland rekrutiert wurden und das ganze Jahr in Belgien leben, gibt es ein eigenständiges Steuerregime (expatriate tax concessions), bei welchem nur das in Belgien verdiente Einkommen besteuert wird. Dieses Steuerregime muss innerhalb von sechs Monaten nach Ankunft in Belgien beantragt werden.

Kapitalgesellschaften: Steuerpflicht
Unbeschränkte Steuerpflicht in Belgien, jeweils wenn: 1. Hauptgeschäftsort in Belgien liegt oder 2. Unternehmen in Belgien seinen Geschäftssitz hat. Ein Geschäftssitz wird angenommen, wenn von Belgien aus die leitenden Impulse für das Unternehmen entstehen. Konsequenz: Besteuerung des Welteinkommens.

Beschränkte Steuerpflicht bei Betriebsstätte nach üblichen Regeln (ohne Negativliste aus DBA).

DBA mit Deutschland
DBA ist vorhanden und folgt zum Großteil dem OECD-MA. Der 183-Tage-Zeitraum zur Festlegung des Besteuerungsrechts für unselbstständige Arbeit stellt auf Tätigkeitstage innerhalb eines Kalenderjahres ab, schließt aber übliche Arbeitsunterbrechungen (Wochenenden, Krankheits- und Urlaubstage, soweit sie auf den Zeitraum der Auslandstätigkeit entfallen) mit ein. Eine frühere Grenzgängerregelung wie z. B. mit Frankreich wurde inzwischen aufgehoben.

Darüber hinaus existiert ein eigener Artikel 14 für Einkommen aus der Tätigkeit als „Freier Beruf". Er stellt auf einen festen Tätigkeitsort ab, der für ein Besteuerungsrecht gegeben sein muss. Dieser folgt der Definition der Betriebsstätte.

Für in Belgien mittels einer Betriebsstätte erwirtschaftete Unternehmensgewinne oder Einkünfte aus unselbstständiger Arbeit, die in Belgien ausgeübt wird, gilt in Deutschland die Freistellungsmethode. Auch Belgien stellt bei dortiger Ansässigkeit diese Einkünfte aus Deutschland frei.

9.3 Bosnien und Herzegowina (BuH)

Steuersatz
Natürliche Personen: Im ganzen Land Steuersatz von konstant 10 %.

Körperschaftsteuersatz: 10 %.

Natürliche Personen: Steuerpflicht
Unbeschränkte Steuerpflicht bei Wohnsitz oder Aufenthalt von mindestens 183 Tagen (kontinuierlich oder mit Unterbrechungen) im Kalenderjahr (kontinuierlich oder mit Unterbrechungen) in Bosnien und Herzegowina. Das Steuerjahr entspricht dem Kalenderjahr. Enger gefasst sind die unbeschränkte Steuerpflicht in der Republika Srpska (zusätzlich auch unbeschränkte Steuerpflicht, wenn permanent Haus unterhalten wird und Lebensmittelpunkt. Zudem wird 183-Tage-Aufenthalt auf Zwölf-Monats-Periode berechnet, die in Steuerjahr = Kalenderjahr endet oder anfängt) sowie des Brčko Distrikts.

Die unbeschränkte Steuerpflicht bezieht sich in allen drei Regionen auf das Welteinkommen.

Kapitalgesellschaften: Steuerpflicht
Unbeschränkte Steuerpflicht in BuH, jeweils wenn: 1. Hauptsitz in BuH registriert ist oder 2. Unternehmen in BuH seine Geschäftsführung hat. Konsequenz: Besteuerung des Welteinkommens.

Beschränkte Steuerpflicht bei Betriebsstätte, die, neben üblichen Voraussetzungen aus OECD-MA, auch angenommen wird, wenn mehr als drei Monate innerhalb eines Zeitraums von zwölf Monaten Dienstleistungen vor Ort angeboten werden. Die Regeln der Republika Srpska sowie des Brčko Distrikts unterscheiden sich leicht.

Dauerhaftes Homeoffice aus BuH kann daher eine Betriebsstätte begründen, mitunter schon nach drei Monaten. In Betracht kommt dabei etwa, ob das Homeoffice permanent ist und ob es dem ausländischen Arbeitgeber zur Verfügung steht.

DBA mit Deutschland
DBA ist vorhanden und folgt im Großteil dem OECD-MA. Der 183-Tage-Zeitraum zur Festlegung des Besteuerungsrechts für unselbstständige Arbeit stellt auf den Aufenthalt innerhalb eines Kalenderjahres ab.

Die Dienstleistungsbetriebsstätte, die BuG national implementiert hat, ist nicht im DBA verankert.

Darüber hinaus existiert ein eigener Artikel 14 für Einkommen aus der Tätigkeit als „Freier Beruf". Er stellt auf einen festen Tätigkeitsort ab, der für ein Besteuerungsrecht gegeben sein muss. Dieser folgt der Definition der Betriebsstätte. Zusätzlich muss sich, um ein Besteuerungsrecht von BuH zu rechtfertigen, die selbstständige Person 183 Tage im Kalenderjahr in BuH aufgehalten haben.

Für in BuH mittels einer Betriebsstätte erwirtschaftete Unternehmensgewinne, Gewinne aus selbstständiger Arbeit oder Einkünfte aus unselbstständiger Arbeit, die in BuH ausgeübt wird, gilt in Deutschland die Freistellungsmethode. Auch BuH stellt bei dortiger Ansässigkeit diese Einkünfte aus Deutschland frei.

9.4 Brasilien

Steuersatz
Natürliche Personen: Progressiver Steuersatz bis 27,5 % ab monatlichem Einkommen von 4664,86 BRL. Beschränkt Steuerpflichtige werden pauschal mit 25 % besteuert, Abzüge können nicht geltend gemacht werden.

Körperschaftsteuersatz: 15 %, zusätzliche 10 % bei Einkommen über 240.000 BRL.

Natürliche Personen: Steuerpflicht
Unbeschränkte Steuerpflicht unter anderem bei:

- Eingebürgerten Ausländern, die in Brasilien leben,
- Ausländern mit permanentem Visum und einem Arbeitsvertrag in Brasilien,
- Ausländern, die sich 183 Tage oder mehr (kontinuierlich oder mit Unterbrechungen) innerhalb einer Zwölf-Monats-Periode, die im Steuerjahr (= Kalenderjahr) anfängt oder endet, in Brasilien aufhalten.

Die unbeschränkte Steuerpflicht bezieht sich in allen drei Regionen auf das Welteinkommen.

Vorsicht: Regeln zur Steuerpflicht werden sich in naher Zukunft ändern (Gesetz 13,445 von Mai 2017, noch nicht in Kraft).

Kapitalgesellschaften: Steuerpflicht
Unbeschränkte Steuerpflicht in Brasilien, wenn sowohl Hauptsitz in Brasilien registriert und Unternehmen in Brasilien seine Geschäftsführung hat. Konsequenz: Besteuerung des Welteinkommens.

Beschränkte Steuerpflicht bei „Steuerpflichtiger Präsenz" (Betriebsstätte gibt es nicht), die angenommen wird, wenn fester Geschäftssitz in Brasilien.

9.5 Bulgarien

Kein DBA mit Deutschland!

Steuersatz
Natürliche Personen: Konstant 10 %.

Körperschaftsteuersatz: Bis auf Ausnahmen, z. B. für die Glücksspielindustrie, Steuersatz von 10 %.

Natürliche Personen: Steuerpflicht
Unbeschränkte Steuerpflicht in Bulgarien, wenn:

- permanente Anschrift und Lebensmittelpunkt in Bulgarien,
- Aufenthalt von mehr als 183 Tagen in Zwölf-Monats-Zeitraum (kontinuierlich oder mit Unterbrechungen, nicht zwingend Kalenderjahr).

Die unbeschränkte Steuerpflicht bezieht sich auf das Welteinkommen.

Kapitalgesellschaften: Steuerpflicht
Unbeschränkte Steuerpflicht in Bulgarien, wenn Unternehmen nach bulgarischer oder europäischer Rechtsform in Bulgarien registriert. Konsequenz: Besteuerung des Welteinkommens.

Beschränkte Steuerpflicht bei Betriebsstätte nach üblichen Regeln des OECD-MA (ohne Negativliste aus DBA).

DBA mit Deutschland
DBA ist vorhanden und folgt zum Großteil dem OECD-MA. Für den 183-Tage-Zeitraum zur Festlegung des Besteuerungsrechts für unselbstständige Arbeit wird auf den Aufenthalt innerhalb eines Zwölf-Monats-Zeitraums abgestellt, der während des betreffenden Kalenderjahrs endet oder anfängt.

Besonderheit: Gewerbsmäßige Arbeitnehmerüberlassungen können bei Tätigkeit im anderen Land ab dem ersten Tag dort besteuert werden.

Für in Bulgarien mittels einer Betriebsstätte erwirtschaftete Unternehmensgewinne oder Einkünfte aus unselbstständiger Arbeit, die in Belgien ausgeübt wird, gilt in Deutschland die Freistellungsmethode. Auch Bulgarien stellt bei dortiger Ansässigkeit diese Einkünfte aus Deutschland frei. Ausnahme: Für Gehälter bei gewerbsmäßiger Arbeitnehmerüberlassung gilt die Anrechnungsmethode.

9.6 China (Volksrepublik)

Steuersatz
Natürliche Personen: Progressiver Steuersatz bis 45 % für Einkommen ab 960.00 CNY. Für beschränkt Steuerpflichtige mit Einkommen aus selbstständiger Tätigkeit gelten andere progressive Sätze bis 35 % für Einkommen ab 500.000 CNY.

Körperschaftsteuersatz: Bis auf Ausnahmen, z. B. für High-Tech-Firmen, Steuersatz von 25 %.

Natürliche Personen: Steuerpflicht
Unbeschränkte Steuerpflicht für Ausländer in China, wenn Aufenthalt von mehr als 183 Tagen im Kalenderjahr (kontinuierlich oder mit Unterbrechungen).

Die unbeschränkte Steuerpflicht bezieht sich in den ersten sechs Jahren des Aufenthalts auf chinesisches Einkommen sowie ausländisches Einkommen aus chinesischen Quellen, danach auf Welteinkommen.

Kapitalgesellschaften: Steuerpflicht
Unbeschränkte Steuerpflicht für ausländische Unternehmen, wenn Sitz der Geschäftsführung in China. Konsequenz: Besteuerung des Welteinkommens.

Beschränkte Steuerpflicht bei „establishment or place" in China – wird durch jeden Ort, an dem in China Dienstleistungen oder gewerbliche Tätigkeiten erbracht werden, ausgelöst.
Dauerhaftes Homeoffice aus China kann eine Betriebsstätte begründen. In Betracht kommt dabei etwa, ob das Homeoffice permanent ist. Eine Ausnahme stellt Covid-bedingtes Homeoffice dar.

DBA mit Deutschland
DBA ist vorhanden und folgt zum Großteil dem OECD-MA. Für den 183-Tage-Zeitraum zur Festlegung des Besteuerungsrechts für unselbstständige Arbeit wird auf den Aufenthalt innerhalb eines Kalenderjahrs abgestellt.

Ein eigener Artikel 14 für Einkommen aus der Tätigkeit als „Freier Beruf" existiert. Er stellt auf einen festen Tätigkeitsort ab, der für ein Besteuerungsrecht gegeben sein muss. Dieser folgt der Definition der Betriebsstätte. Zusätzlich muss sich, um ein Besteuerungsrecht von China zu rechtfertigen, die selbstständige Person 183 Tage im Kalenderjahr in China aufgehalten haben.
Besonderheit: Eine Betriebsstätte wird nach dem DBA angenommen, wenn Beratungsleistungen sechs Monate oder länger in einem Land andauern.
Für in China mittels einer Betriebsstätte erwirtschaftete Unternehmensgewinne, Gewinne aus selbstständiger Arbeit oder Einkünfte aus unselbstständiger Arbeit, die in China ausgeübt wird, gilt in Deutschland die Freistellungsmethode. Andersherum rechnet China bei diesen Einkunftsarten die deutsche Steuer auf die chinesische Steuer an (Anrechnungsmethode).

9.7 Dänemark

Steuersatz
Natürliche Personen: Progressiver Steuersatz, der sich aus Bundes- und lokalen Steuern zusammensetzt. Maximaler marginaler Steuersatz bei ca. 56 %.

9.7 Dänemark

Körperschaftsteuersatz: Bis auf Ausnahmen, z. B. für die Öl- und Gassektor, Steuersatz von 22 %.

Natürliche Personen: Steuerpflicht
Unbeschränkte Steuerpflicht, wenn:

- Aufenthalt von mehr als 183 Tagen im Kalenderjahr (kontinuierlich oder mit kurzen Unterbrechungen),
- Kaufen oder Anmieten einer Unterkunft zu anderen Zwecken als z. B. Erholung.

Die unbeschränkte Steuerpflicht bezieht sich auf das Welteinkommen.

Kapitalgesellschaften: Steuerpflicht
Unbeschränkte Steuerpflicht für ausländische Unternehmen, wenn Geschäftsleitung in Dänemark. Konsequenz: Besteuerung des Welteinkommens.

Beschränkte Steuerpflicht bei Betriebsstätte nach üblichen Regeln des OECD-MA (ohne Negativliste aus DBA).
Dauerhaftes Homeoffice aus Dänemark kann eine Betriebsstätte begründen. In Betracht kommt dabei etwa, ob das Homeoffice permanent ist und ob Kerntätigkeiten des Unternehmens ausgeführt werden. Ob das Homeoffice dem ausländischen Arbeitgeber zur Verfügung steht, spielt nach dänischer Rechtsprechung keine Rolle.

DBA mit Deutschland
DBA ist vorhanden und folgt zum Großteil dem OECD-MA. Für den 183-Tage-Zeitraum zur Festlegung des Besteuerungsrechts für unselbstständige Arbeit wird auf Tätigkeitstage innerhalb eines Kalenderjahrs abgestellt (Wochenenden sowie Urlaubs- und Krankheitstage werden demensprechend nicht gezählt).

Ein eigener Artikel 14 für Einkommen aus der Tätigkeit als „Freier Beruf" existiert. Er stellt auf einen festen Tätigkeitsort ab, der für ein Besteuerungsrecht gegeben sein muss. Dieser folgt der Definition der Betriebsstätte.

Für in Dänemark mittels einer Betriebsstätte erwirtschaftete Unternehmensgewinne, Gewinne aus selbstständiger Arbeit oder Einkünfte aus unselbstständiger Arbeit, die in Dänemark ausgeübt wird, gilt in Deutschland die Freistellungsmethode. Andersherum rechnet Dänemark bei diesen Einkunftsarten die deutsche Steuer auf die dänische Steuer an (Anrechnungsmethode).

9.8 Frankreich

Steuersatz
Natürliche Personen: Progressiver Steuersatz bis 45 %. Eine Zusatzsteuer wird für Einkommen über 250.000 € erhoben.

Körperschaftsteuersatz: 25 %.

Natürliche Personen: Steuerpflicht
Unbeschränkte Steuerpflicht, wenn:

- permanenter Wohnsitz oder permanenter Wohnsitz von Ehegatte und Kindern,
- falls Obiges auf mehrere Länder zutrifft: Lebensmittelpunkt,
- ansonsten: Aufenthalt an 183 Tagen (kontinuierlich oder mit Unterbrechungen) im Kalenderjahr.

Die unbeschränkte Steuerpflicht bezieht sich auf das Welteinkommen.

Eine beschränkte Steuerpflicht gilt für Personen ohne unbeschränkte Steuerpflicht, die ein Einkommen aus nichtselbstständiger oder selbstständiger Arbeit in Frankreich erzielen.

Nach Frankreich vom ausländischen Arbeitgeber beorderte Arbeitnehmerinnen und Arbeitnehmer können unter Voraussetzungen von einem sogenannten „inbound assignee regime" profitieren, hierbei wird Einkommen entweder direkt national freigestellt oder pauschal mit 30 % besteuert.

Kapitalgesellschaften: Steuerpflicht
Unbeschränkte Steuerpflicht für Unternehmen, nur, wenn in Frankreich registriert. Konsequenz: Besteuerung des Welteinkommens.

Beschränkte Steuerpflicht bei Betriebsstätte nach üblichen Regeln des OECD-MA (ohne Negativliste aus DBA). Eine Betriebsstätte wird zudem angenommen, wenn Unternehmen einen vollständigen Wirtschaftskreislauf in Frankreich etabliert hat oder einen abhängigen Agenten (enger als ständiger Vertreter aus OECD-MA) entsendet.

DBA mit Deutschland
DBA ist vorhanden und folgt zum Großteil dem OECD-MA. Für den 183-Tage-Zeitraum zur Festlegung des Besteuerungsrechts für unselbstständige Arbeit wird auf den Aufenthalt innerhalb eines Kalenderjahrs abgestellt. Kurze Unterbrechungen sowie Wochenenden werden als Tage des Aufenthalts mitgezählt. Besonderheit: Grenzgänger, die in einem Land ihren Wohnsitz haben, an den sie täglich zu-

rückkehren (innerhalb des Grenzgebiets von 20 km [Frankreich] bzw. 30 km [Deutschland]), und im anderen Land arbeiten, werden im Wohnsitzstaat besteuert. Das Grenzgebiet darf an höchstens 45 Tagen im Jahr verlassen werden.

Ein eigener Artikel 12 für Einkommen aus der Tätigkeit als „Freier Beruf" existiert. Er stellt auf einen festen Tätigkeitsort ab, der für ein Besteuerungsrecht gegeben sein muss. Dieser folgt der Definition der Betriebsstätte.

Für in Frankreich mittels einer Betriebsstätte erwirtschaftete Unternehmensgewinne, Gewinne aus selbstständiger Arbeit oder Einkünfte aus unselbstständiger Arbeit, die in Frankreich ausgeübt wird, gilt in Deutschland die Freistellungsmethode. Auch Frankreich stellt bei dortiger Ansässigkeit diese Einkünfte aus Deutschland frei.

9.9 Griechenland

Steuersatz
Natürliche Personen: Progressiver Steuersatz bis 44 % ab Einkommen über 40.000 €.

Körperschaftsteuersatz: 22 %.

Natürliche Personen: Steuerpflicht
Unbeschränkte Steuerpflicht, wenn:

- Lebensmittelpunkt in Griechenland, z. B. durch Besitz von Immobilien, Staatsbürgerschaft, Schulbesuch der Kinder,
- ansonsten: Aufenthalt an 183 Tagen (kontinuierlich oder mit Unterbrechungen) in Zwölf-Monats-Periode (nicht zwingend Kalenderjahr).

Die unbeschränkte Steuerpflicht bezieht sich auf das Welteinkommen.
„Digitale Nomaden" aus Nicht-EU-Ländern mit einem entsprechenden Visum müssen seit 2021 nur die Hälfte ihres Einkommens versteuern.

Kapitalgesellschaften: Steuerpflicht
Unbeschränkte Steuerpflicht für Unternehmen, jeweils wenn 1. als griechische Firma registriert oder 2. in Griechenland registriert oder 3. Sitz der Geschäftsführung in Griechenland. Konsequenz: Besteuerung des Welteinkommens.

Beschränkte Steuerpflicht bei Betriebsstätte nach üblichen Regeln des OECD-MA (ohne Negativliste aus DBA).

Dauerhaftes Homeoffice aus Griechenland kann eine Betriebsstätte begründen. In Betracht kommt dabei insbesondere, ob das Homeoffice permanent ist, ob Kernfunktionen des Unternehmens ausgeführt werden und ob die Arbeitnehmerin oder der Arbeitnehmer vom Unternehmen zum Homeoffice in Griechenland abgeordnet wurde. Ausnahmen für Covid-bedingtes Homeoffice existieren.

DBA mit Deutschland
DBA ist vorhanden und folgt zum Großteil dem OECD-MA. Für den 183-Tage-Zeitraum zur Festlegung des Besteuerungsrechts für unselbstständige Arbeit wird auf den Aufenthalt innerhalb eines Steuerjahrs (aktuell entspricht dieses dem Kalenderjahr) abgestellt.

Ein eigener Artikel 11 Absatz 1 für Einkommen aus der Tätigkeit als „Freier Beruf" existiert. Er stellt auf einen festen Tätigkeitsort ab, der für ein Besteuerungsrecht gegeben sein muss. Dieser folgt der Definition der Betriebsstätte.

Für in Griechenland mittels einer Betriebsstätte erwirtschaftete Unternehmensgewinne, Gewinne aus selbstständiger Arbeit oder Einkünfte aus unselbstständiger Arbeit, die in Griechenland ausgeübt wird, gilt in Deutschland die Freistellungsmethode. Andersherum rechnet Griechenland bei diesen Einkunftsarten die deutsche Steuer auf die griechische Steuer an (Anrechnungsmethode).

9.10 Indien

Steuersatz
Natürliche Personen: Progressiver Steuersatz bis 30 % ab Einkommen über 1.000.000 INR.

Körperschaftsteuersatz: Nominal 40 % für ausländische Firmen, zuzüglich Zuschläge. Zudem Minimum Alternative Tax, wenn zu zahlende Steuern weniger als 15 % des Gewinns der Handelsbilanz ausmachen.

Natürliche Personen: Steuerpflicht
Unbeschränkte Steuerpflicht, wenn:

- Aufenthalt an mindestens 182 Tagen (kontinuierlich oder mit Unterbrechungen) im Steuerjahr (01.04. eines Jahres bis 31.03. des Folgejahres),
- Aufenthalt an mindestens 60 Tagen im Steuerjahr (kontinuierlich oder mit Unterbrechungen) und insgesamt 365 Tage Aufenthalt in vorangegangenen vier Steuerjahren.

9.10 Indien

Indische Staatsangehörige ohne andere unbeschränkte Steuerpflicht werden zudem automatisch ab einem Einkommen von 1,5 Mio. INR unbeschränkt steuerpflichtig. Die unbeschränkte Steuerpflicht bezieht sich auf das Welteinkommen. Falls eines der Merkmale zur unbeschränkten Steuerpflicht zutrifft, kann zudem geprüft werden, ob ein „non-ordinary resident"-Status vorliegt, hierbei müssen lediglich indische Einkünfte (und nicht auch z. B. deutsche Einkünfte) in Indien versteuert werden. Voraussetzungen (eine muss erfüllt sein):

- keine unbeschränkte Steuerpflicht in neun von zehn der vorangegangenen Steuerjahre,
- Aufenthalt von 729 Tagen oder weniger in den vorangegangenen 7 Steuerjahren (nicht kontinuierlich).

Kapitalgesellschaften: Steuerpflicht
Unbeschränkte Steuerpflicht für Unternehmen, jeweils wenn 1. als indische Firma registriert oder 2. Sitz der Geschäftsführung in Indien. Konsequenz: Besteuerung des Welteinkommens.

Beschränkte Steuerpflicht bei Betriebsstätte nach üblichen Regeln des OECD-MA (ohne Negativliste aus DBA). Mit Dienstleistungen in Indien erwirtschaftete Erträge begründen regelmäßig eine Betriebsstätte. Indien hat zudem bereits das Konzept der „significant economic presence" umgesetzt – eine Betriebsstätte wird dementsprechend auch angenommen, wenn etwa durch Downloads in Indien mehr als 20 Mio. INR umgesetzt wurden und ein Unternehmen in Interaktion mit 300T Usern in Indien vertreten ist.

DBA mit Deutschland
DBA ist vorhanden und folgt zum Großteil dem OECD-MA. Für den 183-Tage-Zeitraum zur Festlegung des Besteuerungsrechts für unselbstständige Arbeit wird auf den Aufenthalt innerhalb eines Steuerjahrs (siehe oben) abgestellt.

Ein eigener Artikel 14 für Einkommen aus der Tätigkeit als „Freier Beruf" existiert. Er stellt auf einen festen Tätigkeitsort ab, der für ein Besteuerungsrecht gegeben sein muss. Dieser folgt der Definition der Betriebsstätte.
Eine Dienstleistungsbetriebsstätte ist im DBA mit Indien explizit nicht vorgesehen.
Für in Indien mittels einer Betriebsstätte erwirtschaftete Unternehmensgewinne, Gewinne aus selbstständiger Arbeit oder Einkünfte aus unselbstständiger Arbeit, die in Indien ausgeübt wird, gilt in Deutschland die Freistellungsmethode. Andersherum rechnet Indien bei diesen Einkunftsarten die deutsche Steuer auf die indische Steuer an (Anrechnungsmethode).

9.11 Irland

Steuersatz
Natürliche Personen: Progressiver Steuersatz mit zwei Stufen, bis 36.800 € (Singles) 20 %, danach 40 %.

Körperschaftsteuersatz: 12,5 %.

Natürliche Personen: Steuerpflicht
Unbeschränkte Steuerpflicht, wenn jeweils:

- Aufenthalt an 183 Tagen (kontinuierlich oder mit Unterbrechungen) in Steuerjahr (gleich Kalenderjahr),
- Aufenthalt von 280 Tagen oder mehr im aktuellen Steuerjahr sowie dem vorangegangenen Steuerjahr zusammen. Mindestens 30 Tage müssen dabei auf jedes Jahr entfallen.

Die unbeschränkte Steuerpflicht bezieht sich zunächst nur auf das irische Einkommen. Um mit Welteinkommen in Irland steuerpflichtig zu sein, bedarf es zudem eines festen Wohnsitzes in Irland.

Kapitalgesellschaften: Steuerpflicht
Unbeschränkte Steuerpflicht für Unternehmen, jeweils wenn 1. als irische Firma registriert oder 2. Sitz der Geschäftsführung in Irland. Konsequenz: Besteuerung des Welteinkommens.

Beschränkte Steuerpflicht bei Betriebsstätte nach üblichen Regeln des OECD-MA (mit Negativliste).
Dauerhaftes Homeoffice aus Irland kann eine Betriebsstätte begründen. In Betracht kommt dabei insbesondere, ob das Homeoffice permanent ist, ob Kernfunktionen des Unternehmens ausgeführt werden oder ob der Arbeitgeber Zugriff auf das Homeoffice hat. Ausnahmen für Covid-bedingtes Homeoffice existieren.

DBA mit Deutschland
DBA ist vorhanden und folgt zum Großteil dem OECD-MA. Für den 183-Tage-Zeitraum zur Festlegung des Besteuerungsrechts für unselbstständige Arbeit wird auf den Aufenthalt innerhalb eines Zwölf-Monats-Zeitraums abgestellt, der innerhalb des Steuerjahrs (gleich Kalenderjahr) anfängt oder aufhört.

Für in Irland mittels einer Betriebsstätte erwirtschaftete Unternehmensgewinne, Gewinne aus selbstständiger Arbeit oder Einkünfte aus unselbstständiger Arbeit, die in Irland ausgeübt wird, gilt in Deutschland die Freistellungsmethode. Andersherum rechnet Irland bei diesen Einkunftsarten die deutsche Steuer auf die irische Steuer an (Anrechnungsmethode).

9.12 Italien

Steuersatz
Natürliche Personen: Progressiver Steuersatz, für Einkommen ab 55.001 € 43 %. Zusätzlich ist eine regionale und lokale Einkommensteuer zu zahlen (zusammen max. 4,1 % zusätzlich).

Körperschaftsteuersatz: 24 %, zusätzlich regionale Körperschaftsteuer von ca. 4 %.

Natürliche Personen: Steuerpflicht
Unbeschränkte Steuerpflicht, wenn jeweils:

- Aufenthalt an 183 Tagen (kontinuierlich oder mit Unterbrechungen) im Steuerjahr (gleich Kalenderjahr),
- Lebensmittelpunkt in Italien, z. B. mit Immobilien oder Familie,
- Eintragung in das italienische Bevölkerungsregister (Anagrafe).

Die unbeschränkte Steuerpflicht bezieht sich auf das Welteinkommen. Zwei Besonderheiten:

- Bei erstmaliger unbeschränkter Steuerpflicht in Italien kann eine Option gewählt werden, dass alle ausländischen Einkünfte pauschal mit 100.000 € besteuert werden.
- Arbeitnehmerinnen oder Arbeitnehmer, die ihren Wohnsitz nach Italien verlegen, über ein abgeschlossenes Studium verfügen und mindestens zwei Jahre bleiben, müssen für bis zu fünf Jahre lediglich 30 % ihres Einkommens versteuern. Bei mindestens drei Kindern oder einem Wohnsitz in südlichen Provinzen kann dies auf 10 % des Einkommens reduziert werden.

Kapitalgesellschaften: Steuerpflicht
Unbeschränkte Steuerpflicht für Unternehmen, jeweils wenn 1) registrierter Hauptsitz in Italien oder 2) Sitz der Geschäftsführung in Italien. Eine ausländische Gesellschaft mit italienischer Tochtergesellschaft kann zudem eine unbeschränkte Steuerpflicht in Italien begründen, wenn die ausländische Gesellschaft von italieni-

schen Steuerpflichtigen gehalten oder geleitet wird. Konsequenz: Besteuerung des Welteinkommens.

Beschränkte Steuerpflicht bei Betriebsstätte nach üblichen Regeln des OECD-MA (mit Negativliste).

Dauerhaftes Homeoffice aus Italien kann eine Betriebsstätte begründen. In Betracht kommt dabei insbesondere, ob das Homeoffice permanent ist, ob Kernfunktionen des Unternehmens ausgeführt werden oder ob der Arbeitgeber Zugriff auf das Homeoffice hat.

DBA mit Deutschland

DBA ist vorhanden und folgt zum Großteil dem OECD-MA. Für den 183-Tage-Zeitraum zur Festlegung des Besteuerungsrechts für unselbstständige Arbeit wird auf den Aufenthalt innerhalb des Steuerjahrs (gleich Kalenderjahr) abgestellt.

Ein eigener Artikel 14 für Einkommen aus der Tätigkeit als „Freier Beruf" existiert. Er stellt auf einen festen Tätigkeitsort ab, der für ein Besteuerungsrecht gegeben sein muss. Dieser folgt der Definition der Betriebsstätte.

Für in Italien mittels einer Betriebsstätte erwirtschaftete Unternehmensgewinne, Gewinne aus selbstständiger Arbeit oder Einkünfte aus unselbstständiger Arbeit, die in Italien ausgeübt wird, gilt in Deutschland die Freistellungsmethode. Andersherum rechnet Italien bei diesen Einkunftsarten die deutsche Steuer auf die italienische Steuer an (Anrechnungsmethode).

9.13 Japan

Steuersatz

Natürliche Personen: Progressiver Steuersatz, für Einkommen ab 40.000.000 JPY 45 %. Zusätzlich ist eine Surcharge von 2,1 % sowie eine lokale Einkommensteuer von 10 % auf das Einkommen des letzten Jahres zu zahlen. Beschränkt Steuerpflichtige werden mit pauschal 20,42 % besteuert.

Körperschaftsteuersatz: Für große Firmen mit Kapital von > 100 Mio. JPY 23,2 %. Ausnahme: Für kleinere Firmen wird auf die ersten 8 Mio. JPY Einkommen ein Steuersatz von 15 % angewandt.

Natürliche Personen: Steuerpflicht

Unbeschränkte Steuerpflicht, wenn jeweils:

- Aufenthalt von mehr als einem Jahr,
- Wohnsitz.

Die unbeschränkte Steuerpflicht bezieht sich auf das Welteinkommen. Bestimmte ausländische Einkünfte sind ausgenommen, wenn die unbeschränkte Steuerpflicht lediglich für fünf oder weniger Jahre in den letzten zehn Jahren bestand.

Eine beschränkte Steuerpflicht gilt für Personen ohne unbeschränkte Steuerpflicht, die ein Einkommen aus nichtselbstständiger oder selbstständiger Arbeit in Japan erzielen.

Kapitalgesellschaften: Steuerpflicht
Unbeschränkte Steuerpflicht für Unternehmen, wenn registrierter Hauptsitz in Japan. Konsequenz: Besteuerung des Welteinkommens.

Beschränkte Steuerpflicht bei Betriebsstätte nach üblichen Regeln des OECD-MA (mit Negativliste).

DBA mit Deutschland
DBA ist vorhanden und folgt zum Großteil dem OECD-MA. Für den 183-Tage-Zeitraum zur Festlegung des Besteuerungsrechts für unselbstständige Arbeit wird auf den Aufenthalt innerhalb eines Zwölf-Monats-Zeitraums abgestellt, der innerhalb des Steuerjahrs (gleich Kalenderjahr) anfängt oder aufhört.

Für in Japan mittels einer Betriebsstätte erwirtschaftete Unternehmensgewinne, Gewinne aus selbstständiger Arbeit oder Einkünfte aus unselbstständiger Arbeit, die in Japan ausgeübt wird, gilt in Deutschland die Freistellungsmethode. Andersherum rechnet Japan bei diesen Einkunftsarten die deutsche Steuer auf die japanische Steuer an (Anrechnungsmethode).

9.14 Kanada

Steuersatz
Natürliche Personen: Progressiver Steuersatz, für Einkommen ab 216.511 CND 33 %. Zusätzlich ist eine provinziale/territoriale Einkommensteuer bis 21 % (Nova Scotia) zu zahlen.

Körperschaftsteuersatz: National 15 % (netto). Zusätzlich wird Körperschaftsteuer von Provinzen/Territorien erhoben, diese beträgt bis zu 16 % (Prince Edward Island).

Natürliche Personen: Steuerpflicht
Unbeschränkte Steuerpflicht, wenn jeweils:

- Aufenthalt von 183 Tagen (kontinuierlich oder mit Unterbrechungen) oder mehr im Kalenderjahr,
- Wohnsitz, hierbei werden Faktoren wie Immobilien, Familie (letztlich: Lebensmittelpunkt) in Betracht gezogen.

Die unbeschränkte Steuerpflicht bezieht sich auf das Welteinkommen.

Kapitalgesellschaften: Steuerpflicht
Unbeschränkte Steuerpflicht für Unternehmen, jeweils wenn 1. registrierter Hauptsitz in Kanada oder 2. Sitz der Geschäftsführung in Kanada. Konsequenz: Besteuerung des Welteinkommens.

Beschränkte Steuerpflicht bei Betriebsstätte nach üblichen Regeln des OECD-MA (ohne Negativliste).
Dauerhaftes Homeoffice aus Kanada kann eine Betriebsstätte begründen. In Betracht kommt dabei insbesondere, ob das Homeoffice permanent ist, ob Kernfunktionen des Unternehmens ausgeführt werden oder ob der Arbeitgeber Zugriff auf das Homeoffice hat oder für dessen Kosten aufkommt. Ausnahmen für Covid-bedingtes Homeoffice existieren.

DBA mit Deutschland
DBA ist vorhanden und folgt zum Großteil dem OECD-MA. Für den 183-Tage-Zeitraum zur Festlegung des Besteuerungsrechts für unselbstständige Arbeit wird auf den Aufenthalt innerhalb eines Zwölf-Monats-Zeitraums abgestellt, der innerhalb des Steuerjahrs (gleich Kalenderjahr) anfängt oder aufhört.

Ein eigener Artikel 14 für Einkommen aus der Tätigkeit als „Freier Beruf" existiert. Er stellt auf einen festen Tätigkeitsort ab, der für ein Besteuerungsrecht gegeben sein muss. Dieser folgt der Definition der Betriebsstätte.

Für in Kanada mittels einer Betriebsstätte erwirtschaftete Unternehmensgewinne, Gewinne aus selbstständiger Arbeit oder Einkünfte aus unselbstständiger Arbeit, die in Kanada ausgeübt wird, gilt in Deutschland die Freistellungsmethode. Andersherum rechnet Kanada bei diesen Einkunftsarten die deutsche Steuer auf die kanadische Steuer an (Anrechnungsmethode).

9.15 Kroatien

Steuersatz
Natürliche Personen: Progressiver Steuersatz mit zwei Stufen, für Einkommen unter 360.000 HRK 20 %, darüber 30 %. Zusätzlich ist ein Zuschlag von bis zu 18 % (Zagreb) auf die finale Steuerzahlung an lokaler Steuer zu zahlen.

Körperschaftsteuersatz: 18 %, 10 % bei Umsatz unter 7,5 Mio. HRK.

Natürliche Personen: Steuerpflicht
Unbeschränkte Steuerpflicht, wenn jeweils:

- Aufenthalt von 183 Tagen oder mehr (kontinuierlich oder mit Unterbrechungen) in ein oder zwei Kalenderjahren,
- Immobilie steht an 183 Tagen oder mehr in ein oder zwei Kalenderjahren zur Verfügung (tatsächliche Anwesenheit/Nutzung ist nicht entscheidend).

Die unbeschränkte Steuerpflicht bezieht sich auf das Welteinkommen.

Kapitalgesellschaften: Steuerpflicht
Unbeschränkte Steuerpflicht für Unternehmen, jeweils wenn 1. registrierter Hauptsitz in Kroatien oder 2. Sitz der Geschäftsführung in Kanada. Konsequenz: Besteuerung des Welteinkommens.

Beschränkte Steuerpflicht bei Betriebsstätte nach üblichen Regeln des OECD-MA (ohne Negativliste).

DBA mit Deutschland
DBA ist vorhanden und folgt im Großteil dem OECD-MA. Für den 183-Tage-Zeitraum zur Festlegung des Besteuerungsrechts für unselbstständige Arbeit wird auf den Aufenthalt innerhalb eines Zwölf-Monats-Zeitraums abgestellt, der innerhalb des Steuerjahrs (gleich Kalenderjahr) anfängt oder aufhört.

Besonderheit: Gewerbsmäßige Arbeitnehmerüberlassungen, sogenannte „Leiharbeit", können bei Tätigkeit im anderen Land ab dem ersten Tag dort besteuert werden.

Ein eigener Artikel 14 für Einkommen aus der Tätigkeit als „Freier Beruf" existiert. Er stellt auf einen festen Tätigkeitsort ab, der für ein Besteuerungsrecht gegeben sein muss. Dieser folgt der Definition der Betriebsstätte.

Für in Kroatien mittels einer Betriebsstätte erwirtschaftete Unternehmensgewinne, Gewinne aus selbstständiger Arbeit oder Einkünfte aus unselbstständiger Arbeit, die in Kroatien ausgeübt wird (außer bei gewerbsmäßiger Arbeitnehmerüberlassung), gilt in Deutschland die Freistellungsmethode. Auch Kroatien stellt bei dortiger Ansässigkeit diese Einkünfte aus Deutschland frei.

9.16 Luxemburg

Steuersatz
Natürliche Personen: Progressiver Steuersatz bis 42 % für Einkommen ab 200.000 €. Zusätzlich ist ein Zuschlag von bis zu 9 % auf die finale Steuerzahlung zu leisten.

Körperschaftsteuersatz: Effektiver Steuersatz in Luxemburg Stadt ca. 25 % (Körperschaftsteuer inklusive Zuschlag und lokaler Gewerbesteuer). Geringerer Körperschaftsteuersatz für Unternehmen mit Gewinn unter 200.000 €.

Natürliche Personen: Steuerpflicht
Unbeschränkte Steuerpflicht, wenn jeweils:

- Aufenthalt von 183 Tagen (kontinuierlich oder mit kurzen Unterbrechungen) innerhalb von zwölf Monaten,
- Wohnsitz, nach deutscher Definition.

Die unbeschränkte Steuerpflicht bezieht sich auf das Welteinkommen.

Kapitalgesellschaften: Steuerpflicht
Unbeschränkte Steuerpflicht für Unternehmen, jeweils wenn 1. registrierter Hauptsitz in Luxemburg oder 2. Sitz der Geschäftsführung in Luxemburg. Sitz der Geschäftsführung wird angenommen, wenn dort z. B. Leitungsentscheidungen für Unternehmen getroffen werden oder sich die Geschäftsführung trifft. Konsequenz: Besteuerung des Welteinkommens.

Beschränkte Steuerpflicht bei Betriebsstätte nach üblichen Regeln des OECD-MA (ohne Negativliste).

DBA mit Deutschland
DBA ist vorhanden und folgt im Großteil dem OECD-MA. Für den 183-Tage-Zeitraum zur Festlegung des Besteuerungsrechts für unselbstständige Arbeit wird

auf den Aufenthalt innerhalb eines Zwölf-Monats-Zeitraums abgestellt, der innerhalb des Steuerjahrs (gleich Kalenderjahr) anfängt oder aufhört.

Besonderheit 1: Eine Grenzgängerregelung wie z. B. mit Frankreich existiert nicht. Die Steuerbehörden haben sich aber verständigt, dass für in Deutschland wohnhafte Grenzgänger nach Luxemburg eine 19-Tage-Grenze für Homeoffice aus Deutschland gilt. Wird dieses überschritten, so muss ein Teil des Einkommens in Deutschland versteuert werden (tagesgenaue Abrechnung). Eine Ausnahme für Covid-bedingtes Homeoffice existiert.

Besonderheit 2: Hilfstätigkeiten wie z. B. Lagerung können – im Gegensatz zum OECD-MA – zu einer Betriebsstätte führen.

Besonderheit: Gewerbsmäßige Arbeitnehmerüberlassungen, sogenannte „Leiharbeit", können bei Tätigkeit im anderen Land ab dem ersten Tag dort besteuert werden.

Für in Luxemburg mittels einer Betriebsstätte erwirtschaftete Unternehmensgewinne, Gewinne aus selbstständiger Arbeit oder Einkünfte aus unselbstständiger Arbeit, die in Luxemburg ausgeübt wird (außer bei gewerbsmäßiger Arbeitnehmerüberlassung), gilt in Deutschland die Freistellungsmethode. Auch Luxemburg stellt bei dortiger Ansässigkeit diese Einkünfte aus Deutschland frei.

9.17 Neuseeland

Steuersatz
Natürliche Personen: Progressiver Steuersatz, 39 % für Einkommen über 180.000 NZD.

Körperschaftsteuersatz: 28 %.

Natürliche Personen: Steuerpflicht
Unbeschränkte Steuerpflicht, wenn jeweils:

- Aufenthalt von 183 Tagen (kontinuierlich oder mit Unterbrechungen) innerhalb von zwölf Monaten,
- Wohnsitz, wenn das Jahr über verfügbar (Aufenthalt zählt nicht).

Die unbeschränkte Steuerpflicht bezieht sich auf das Welteinkommen.

Eine beschränkte Steuerpflicht gilt für Personen ohne unbeschränkte Steuerpflicht, die ein Einkommen aus nichtselbstständiger oder selbstständiger Arbeit in Luxemburg erzielen. Explizit keine beschränkte Steuerpflicht, wenn (alles muss erfüllt sein): 1. kein Aufenthalt von mehr als 92 Tagen im Steuerjahr (01.04. eines Jahres bis 31.03. des Folgejahres) und 2. Einkommen wird außerhalb Neuseelands besteuert und 3. Arbeitgeber/Auftraggeber sitzt außerhalb Neuseelands.

Kapitalgesellschaften: Steuerpflicht
Unbeschränkte Steuerpflicht für Unternehmen, jeweils wenn 1. registrierter Hauptsitz in Neuseeland oder 2. Sitz der Geschäftsführung in Neuseeland. Sitz der Geschäftsführung wird angenommen, wenn dort z. B. Leitungsentscheidungen für Unternehmen getroffen werden oder sich die Geschäftsführung trifft. Konsequenz: Besteuerung des Welteinkommens.

Beschränkte Steuerpflicht bei Betriebsstätte nach üblichen Regeln (ohne Negativliste aus DBA). Eine Betriebsstätte kann auch entstehen, wenn über einen Zeitraum von 183 Tagen innerhalb von zwölf Monaten, die im Steuerjahr enden oder anfangen, Dienstleistungen in Neuseeland erbracht werden und der Umsatz mit diesen Dienstleistungen in Neuseeland mehr als 50 % des Umsatzes einer Gesellschaft ausmachen.

Dauerhaftes Homeoffice aus Neuseeland kann eine Betriebsstätte begründen. Die neuseeländische Steuerbehörde ruft dazu auf, frühzeitig mit ihr in Kontakt zu treten, sollte das geplant sein oder bereits der Fall sein. Ausnahmen für Covid-bedingtes Homeoffice existieren.

DBA mit Deutschland
DBA ist vorhanden und folgt im Großteil dem OECD-MA. Für den 183-Tage-Zeitraum zur Festlegung des Besteuerungsrechts für unselbstständige Arbeit wird auf den Aufenthalt innerhalb des betreffenden Steuerjahrs (s. o.) abgestellt.

Ein eigener Artikel 14 für Einkommen aus der Tätigkeit als „Freier Beruf" existiert. Er stellt auf einen festen Tätigkeitsort ab, der für ein Besteuerungsrecht gegeben sein muss. Dieser folgt der Definition der Betriebsstätte.

Eine Dienstleistungsbetriebsstätte ist im DBA mit Neuseeland explizit nicht vorgesehen.

Für in Neuseeland mittels einer Betriebsstätte erwirtschaftete Unternehmensgewinne oder Einkünfte aus unselbstständiger Arbeit, die in Neuseeland ausgeübt wird, gilt in Deutschland die Freistellungsmethode. Andersherum rechnet Neuseeland bei diesen Einkunftsarten die deutsche Steuer auf die neuseeländische Steuer an (Anrechnungsmethode).

9.18 Niederlande

Steuersatz
Natürliche Personen: Progressiver Steuersatz bis 49,5 % für Einkommen ab 69.398 €.

Körperschaftsteuersatz: 25,8 %. Geringerer Körperschaftsteuersatz von 15 % für Unternehmen mit Gewinn unter 395.000 €.

Natürliche Personen: Steuerpflicht
Unbeschränkte Steuerpflicht basiert auf der Gesamtschau verschiedener Kriterien:

- Meiste Zeit des Jahres an niederländischer Adresse verbracht?
- Partner/Familie lebt in Niederlanden, Kinder besuchen dort die Schule
- Arbeit, Versicherungen, aufgesuchte Ärzte in den Niederlanden.
- Mitgliedschaft in Vereinen.

Expats haben grundsätzlich die unbeschränkte Steuerpflicht in den Niederlanden, wenn sie von Partner/Familie dorthin begleitet werden oder mehr als ein Jahr in den Niederlanden verbringen.
Die unbeschränkte Steuerpflicht bezieht sich auf das Welteinkommen.

Kapitalgesellschaften: Steuerpflicht
Unbeschränkte Steuerpflicht für Unternehmen, wenn Sitz der Geschäftsführung in den Niederlanden. Sitz der Geschäftsführung wird angenommen, wenn dort z. B. Leitungsentscheidungen für Unternehmen getroffen werden oder sich die Geschäftsführung trifft. Konsequenz: Besteuerung des Welteinkommens.

Beschränkte Steuerpflicht bei Betriebsstätte nach üblichen Regeln des OECD-MA (ohne Negativliste).

DBA mit Deutschland
DBA ist vorhanden und folgt im Großteil dem OECD-MA. Für den 183-Tage-Zeitraum zur Festlegung des Besteuerungsrechts für unselbstständige Arbeit wird auf den Aufenthalt innerhalb eines Zwölf-Monats-Zeitraums abgestellt, der innerhalb des Steuerjahrs (gleich Kalenderjahr) anfängt oder aufhört.

Für in den Niederlanden mittels einer Betriebsstätte erwirtschaftete Unternehmensgewinne, Gewinne aus selbstständiger Arbeit oder Einkünfte aus unselbstständiger Arbeit, die in den Niederlanden ausgeübt wird, gilt in Deutschland die Freistellungsmethode. Auch die Niederlande stellen bei dortiger Ansässigkeit diese Einkünfte aus Deutschland frei.

9.19 Norwegen

Steuersatz
Natürliche Personen: Für Einkommen aus unselbstständiger Arbeit progressiver Steuersatz bis ca. 40 % für Einkommen ab 2 Mio. NOK, für andere Einkunftsarten 22 %. Beschränkt steuerpflichtiges Arbeitseinkommen wird mit 25 % pauschal besteuert, inklusive Sozialversicherung.

Körperschaftsteuersatz: 22 %.

Natürliche Personen: Steuerpflicht
Unbeschränkte Steuerpflicht, wenn jeweils:

- Aufenthalt von mehr als 183 Tagen (kontinuierlich oder mit Unterbrechungen) innerhalb einer Zwölf-Monats-Periode, die im Steuerjahr endet (nicht zwingend Kalenderjahr),
- Aufenthalt von mehr als 270 Tagen (kontinuierlich oder mit Unterbrechungen) innerhalb einer 36-Monats-Periode (nicht zwingend Kalenderjahre).

Die unbeschränkte Steuerpflicht bezieht sich auf das Welteinkommen. Vorsicht: Wer einmal unbeschränkt steuerpflichtig in Norwegen war und wegzieht, muss, um eine weitere unbeschränkte Steuerpflicht auszuschließen, beweisen, dass kein Aufenthalt von mehr als 61 Tagen im Kalenderjahr des Wegzugs vorlag.

Kapitalgesellschaften: Steuerpflicht
Unbeschränkte Steuerpflicht für Unternehmen, wenn 1. als norwegische Firma registriert oder 2. Sitz der Geschäftsführung in Norwegen. Sitz der Geschäftsführung wird angenommen, wenn dort z. B. Leitungsentscheidungen für Unternehmen getroffen werden oder sich die Geschäftsführung trifft. Konsequenz: Besteuerung des Welteinkommens.

Beschränkte Steuerpflicht bei Betriebsstätte nach üblichen Regeln des OECD-MA (ohne Negativliste).

DBA mit Deutschland
DBA ist vorhanden und folgt im Großteil dem OECD-MA. Für den 183-Tage-Zeitraum zur Festlegung des Besteuerungsrechts für unselbstständige Arbeit wird auf den Aufenthalt innerhalb eines Zwölf-Monats-Zeitraums (muss nicht Kalenderjahr sein) abgestellt.

Für in Norwegen mittels einer Betriebsstätte erwirtschaftete Unternehmensgewinne, Gewinne aus selbstständiger Arbeit oder Einkünfte aus unselbstständiger Arbeit, die in Norwegen ausgeübt wird, gilt in Deutschland die Freistellungsmethode. Andersherum rechnet Norwegen bei diesen Einkunftsarten die deutsche Steuer auf die norwegische Steuer an (Anrechnungsmethode).

9.20 Österreich

Steuersatz
Natürliche Personen: Progressiver Steuersatz bis 55 % für Einkommen ab 1 Mio. €. Beschränkt steuerpflichtiges Arbeitseinkommen wird mit progressivem Steuersatz besteuert, das Einkommen wird hierbei fiktiv um 9000 € erhöht.

Körperschaftsteuersatz: Aktuell 25 %, schrittweise auf 24 % (2023) und 23 % (2024) reduziert.

Natürliche Personen: Steuerpflicht
Unbeschränkte Steuerpflicht, wenn jeweils:

- Wohnsitz (Definition sehr ähnlich zu Deutschland),
- Aufenthalt von 183 Tagen oder mehr (kontinuierlich oder mit Unterbrechungen) im Jahr.

Die unbeschränkte Steuerpflicht bezieht sich auf das Welteinkommen.

Kapitalgesellschaften: Steuerpflicht
Unbeschränkte Steuerpflicht für Unternehmen, wenn 1. als österreichische Firma registriert oder 2. Sitz der Geschäftsführung in Österreich. Sitz der Geschäftsführung wird angenommen, wenn dort z. B. tägliche Leitungsentscheidungen für Unternehmen getroffen werden. Lediglich einzelne Treffen der Geschäftsführung in Österreich reichen nicht aus. Konsequenz: Besteuerung des Welteinkommens.

Beschränkte Steuerpflicht bei Betriebsstätte nach üblichen Regeln des OECD-MA (ohne Negativliste).

Homeoffice-Tätigkeit in Österreich kann eine Betriebsstätte auslösen, wenn folgende Bedingungen alle erfüllt sind:

- Verrichtung von 25 % bis 50 % der Gesamtarbeitszeit im Homeoffice
- Arbeitgeber hat faktische Verfügungsmacht über Homeoffice (hierzu reicht aus, dass sich Arbeitnehmerin oder Arbeitnehmer und Unternehmen auf eine überwiegende Tätigkeit im Homeoffice verständigt haben)

Ein zusätzliches Indiz liegt vor, wenn die Arbeitnehmerin oder der Arbeitnehmer Aufwendungen für das Arbeitszimmer steuerlich geltend macht.

DBA mit Deutschland
DBA ist vorhanden und folgt zum Großteil dem OECD-MA. Für den 183-Tage-Zeitraum zur Festlegung des Besteuerungsrechts für unselbstständige Arbeit wird auf den Aufenthalt innerhalb eines Kalenderjahrs abgestellt.

Besonderheit: Grenzgänger, die in einem Land ihren Wohnsitz haben, an den sie täglich zurückkehren (innerhalb der Grenzzone von jeweils 30 km auf beiden Seiten der Grenze), und im anderen Land arbeiten, werden im Wohnsitzstaat besteuert.
Ein eigener Artikel 14 für Einkommen aus der Tätigkeit als „Freier Beruf" existiert. Er stellt auf einen festen Tätigkeitsort ab, der für ein Besteuerungsrecht gegeben sein muss. Dieser folgt der Definition der Betriebsstätte.
Für in Österreich mittels einer Betriebsstätte erwirtschaftete Unternehmensgewinne, Gewinne aus selbstständiger Arbeit oder Einkünfte aus unselbstständiger Arbeit, die in Österreich ausgeübt wird, gilt in Deutschland die Freistellungsmethode. Auch Österreich stellt bei dortiger Ansässigkeit diese Einkünfte aus Deutschland frei.

9.21 Polen

Steuersatz
Natürliche Personen: Progressiver Steuersatz mit zwei Stufen, 17 % bis 120.000 PLN, 32 % darüber. Selbstständige können auswählen, stattdessen mit pauschal 19 % besteuert zu werden. Ab Einkommen von 1 Mio. PLN werden zusätzliche 4 % Zuschlag fällig. Bestimmtes beschränkt steuerpflichtiges Einkommen wird pauschal mit 20 % besteuert.

9.21 Polen

Körperschaftsteuersatz: 19 %, bei Umsatz unter 2 Mio. PLN 9 %. Im Verlustfall kann unter Umständen eine Mindeststeuer greifen. Ab 2021 wurde ein „estnisches KSt"-Modell eingeführt, wobei unter Voraussetzungen nur auf ausgeschüttete Gewinne Steuern gezahlt werden müssen.

Natürliche Personen: Steuerpflicht
Unbeschränkte Steuerpflicht, wenn jeweils:

- Lebensmittelpunkt in Polen,
- Aufenthalt von 183 Tagen oder mehr (kontinuierlich oder mit Unterbrechungen) im Jahr.

Die unbeschränkte Steuerpflicht bezieht sich auf das Welteinkommen.

Kapitalgesellschaften: Steuerpflicht
Unbeschränkte Steuerpflicht für Unternehmen, wenn 1. als polnische Firma registriert oder 2. Sitz der Geschäftsführung in Polen. Konsequenz: Besteuerung des Welteinkommens.

Beschränkte Steuerpflicht bei Betriebsstätte nach üblichen Regeln des OECD-MA (ohne Negativliste).

DBA mit Deutschland
DBA ist vorhanden und folgt im Großteil dem OECD-MA. Für den 183-Tage-Zeitraum zur Festlegung des Besteuerungsrechts für unselbstständige Arbeit wird auf den Aufenthalt innerhalb eines Zwölf-Monats-Zeitraums abgestellt, der innerhalb des Steuerjahrs (gleich Kalenderjahr) anfängt oder aufhört. Besondere Regeln gelten zudem für Arbeitnehmerinnen oder Arbeitnehmer, die in einem Land wohnen und im anderen Land arbeiten, wenn der Arbeitgeber in einem dritten Land ansässig ist.

Ein eigener Artikel 14 für Einkommen aus der Tätigkeit als „Freier Beruf" existiert. Er stellt auf einen festen Tätigkeitsort ab, der für ein Besteuerungsrecht gegeben sein muss. Dieser folgt der Definition der Betriebsstätte.

Für in Polen mittels einer Betriebsstätte erwirtschaftete Unternehmensgewinne, Gewinne aus selbstständiger Arbeit oder Einkünfte aus unselbstständiger Arbeit, die in Polen ausgeübt wird, gilt in Deutschland die Freistellungsmethode. Auch Polen stellt bei dortiger Ansässigkeit diese Einkünfte aus Deutschland frei.

9.22 Portugal

Steuersatz
Natürliche Personen: Progressiver Steuersatz bis 48 % ab Einkommen von 80.882 €, darüber hinaus Zuschlag ab 80.000 € von 2,5 % bis 5 %. Beschränkt steuerpflichtiges Einkommen wird pauschal mit 25 % besteuert.

Körperschaftsteuersatz: grundsätzlich 21 %. Zusätzlich fallen lokale Steuern von 3 % bis 9 % an. Jeweils geringere Sätze gelten bei kleinen Unternehmen bis 25.000 € Umsatz sowie bei Tätigkeit auf den portugiesischen Inseln (Madeira, Azoren).

Natürliche Personen: Steuerpflicht
Unbeschränkte Steuerpflicht, wenn jeweils:

- Wohnsitz in Portugal,
- Aufenthalt von 183 Tagen oder mehr (kontinuierlich oder mit Unterbrechungen) in einer Zwölf-Monats-Periode, die im Steuerjahr (gleich Kalenderjahr) anfängt oder aufhört.

Die unbeschränkte Steuerpflicht bezieht sich auf das Welteinkommen.

Kapitalgesellschaften: Steuerpflicht
Unbeschränkte Steuerpflicht für Unternehmen, wenn 1. als portugiesische Firma registriert oder 2. Sitz der Geschäftsführung in Portugal. Konsequenz: Besteuerung des Welteinkommens.

Beschränkte Steuerpflicht bei Betriebsstätte nach üblichen Regeln des OECD-MA (mit Negativliste). Eine Betriebsstätte entsteht auch, wenn Dienstleistungen mittelbar oder unmittelbar über einen Zeitraum von 183 Tagen oder mehr im Kalenderjahr erbracht werden.

DBA mit Deutschland
DBA ist vorhanden und folgt zum Großteil dem OECD-MA. Für den 183-Tage-Zeitraum zur Festlegung des Besteuerungsrechts für unselbstständige Arbeit wird auf den Aufenthalt innerhalb eines Kalenderjahrs abgestellt.

Ein eigener Artikel 14 für Einkommen aus der Tätigkeit als „Freier Beruf" existiert. Er stellt auf einen festen Tätigkeitsort ab, der für ein Besteuerungsrecht gegeben sein muss. Dieser folgt der Definition der Betriebsstätte.

Eine Dienstleistungsbetriebsstätte ist im DBA mit Portugal explizit nicht vorgesehen.

Für in Portugal mittels einer Betriebsstätte erwirtschaftete Unternehmensgewinne, Gewinne aus selbstständiger Arbeit oder Einkünfte aus unselbstständiger Arbeit, die in Portugal ausgeübt wird, gilt in Deutschland die Freistellungsmethode. Andersherum rechnet Portugal bei diesen Einkunftsarten die deutsche Steuer auf die portugiesische Steuer an (Anrechnungsmethode).

9.23 Rumänien

Steuersatz
Natürliche Personen: 10 %.

Körperschaftsteuersatz: 16 %. Bei Einkommen unter 1 Mio. RON kann eine Mindeststeuer von 1 % (mit Angestellten) bzw. 3 % (ohne Angestellte) gezahlt werden.

Natürliche Personen: Steuerpflicht
Unbeschränkte Steuerpflicht, wenn jeweils:

- Lebensmittelpunkt oder Wohnsitz in Rumänien,
- Aufenthalt von 183 Tagen oder mehr (kontinuierlich oder mit Unterbrechungen) in einer Zwölf-Monats-Periode, die im Steuerjahr (gleich Kalenderjahr) aufhört.

Die unbeschränkte Steuerpflicht bezieht sich auf das Welteinkommen.

Kapitalgesellschaften: Steuerpflicht
Unbeschränkte Steuerpflicht für Unternehmen, wenn 1. als rumänische Firma registriert oder 2. Sitz der Geschäftsführung in Rumänien. Ein Sitz der Geschäftsführung wird auch angenommen, wenn 50 % oder mehr der Geschäftsführer einer Gesellschaft unbeschränkt steuerpflichtig in Rumänien sind. Konsequenz: Besteuerung des Welteinkommens.

Beschränkte Steuerpflicht bei Betriebsstätte nach üblichen Regeln des OECD-MA (ohne Negativliste).

DBA mit Deutschland
DBA ist vorhanden und folgt im Großteil dem OECD-MA. Für den 183-Tage-Zeitraum zur Festlegung des Besteuerungsrechts für unselbstständige Arbeit wird auf den Aufenthalt innerhalb eines Zwölf-Monats-Zeitraums abgestellt, der innerhalb des Steuerjahrs (gleich Kalenderjahr) anfängt oder aufhört.

Besonderheit: Gewerbsmäßige Arbeitnehmerüberlassungen, sogenannte „Leiharbeit", können bei Tätigkeit im anderen Land ab dem ersten Tag dort besteuert werden.

Ein eigener Artikel 14 für Einkommen aus der Tätigkeit als „Freier Beruf" existiert. Er stellt auf einen festen Tätigkeitsort ab, der für ein Besteuerungsrecht gegeben sein muss. Dieser folgt der Definition der Betriebsstätte.

Für in Rumänien mittels einer Betriebsstätte erwirtschaftete Unternehmensgewinne, Gewinne aus selbstständiger Arbeit oder Einkünfte aus unselbstständiger Arbeit (außer bei gewerbsmäßiger Arbeitnehmerüberlassung), die in Rumänien ausgeübt wird, gilt in Deutschland die Freistellungsmethode. Andersherum rechnet Rumänien bei diesen Einkunftsarten die deutsche Steuer auf die rumänische Steuer an (Anrechnungsmethode).

9.24 Schweden

Steuersatz
Natürliche Personen: Progressiver Steuersatz mit zwei Stufen, 32 % bis 540.700 SEK, 52 % darüber. Beschränkt steuerpflichtiges Einkommen wird pauschal mit 25 % besteuert. Kapitaleinkünfte werden mit 30 % pauschal besteuert.

Körperschaftsteuersatz: 20,6 %.

Natürliche Personen: Steuerpflicht
Unbeschränkte Steuerpflicht, wenn jeweils:

- Wohnsitz in Schweden,
- Aufenthalt von 183 Tagen oder mehr (kontinuierlich oder mit Unterbrechungen) in einer Zwölf-Monats-Periode, die im Steuerjahr (= Kalenderjahr) anfängt oder endet,
- bei vormalig unbeschränkten Steuerpflichtigen: essenzielle wirtschaftliche Verbindung.

Die unbeschränkte Steuerpflicht bezieht sich auf das Welteinkommen.

Kapitalgesellschaften: Steuerpflicht
Unbeschränkte Steuerpflicht für Unternehmen, wenn als schwedische Firma registriert. Der Sitz der Geschäftsführung in Schweden löst allein keine unbeschränkte Steuerpflicht aus. Konsequenz: Besteuerung des Welteinkommens.

Beschränkte Steuerpflicht bei Betriebsstätte nach üblichen Regeln des OECD-MA (ohne Negativliste).

Homeoffice in Schweden kann eine Betriebsstätte auslösen, insbesondere, wenn auf Dauer angelegt und die Firma eine Art Verfügungsmacht über das Homeoffice hat. Die Firma muss das Homeoffice für eine Verfügungsmacht nicht selbst anmieten oder besitzen, es reicht, wenn das Homeoffice auf Dauer in die Unternehmensoperationen eingebunden ist.

DBA mit Deutschland
DBA ist vorhanden und folgt zum Großteil dem OECD-MA. Für den 183-Tage-Zeitraum zur Festlegung des Besteuerungsrechts für unselbstständige Arbeit wird auf den Aufenthalt innerhalb eines Kalenderjahrs abgestellt.

Besonderheit: Gewerbsmäßige Arbeitnehmerüberlassungen, sogenannte „Leiharbeit", können bei Tätigkeit im anderen Land ab dem ersten Tag dort besteuert werden.

Ein eigener Artikel 14 für Einkommen aus der Tätigkeit als „Freier Beruf" existiert. Er stellt auf einen festen Tätigkeitsort ab, der für ein Besteuerungsrecht gegeben sein muss. Dieser folgt der Definition der Betriebsstätte.

Für in Schweden mittels einer Betriebsstätte erwirtschaftete Unternehmensgewinne, Gewinne aus selbstständiger Arbeit oder Einkünfte aus unselbstständiger Arbeit (außer bei gewerbsmäßiger Arbeitnehmerüberlassung), die in Schweden ausgeübt wird, gilt in Deutschland die Freistellungsmethode. Andersherum rechnet Schweden bei diesen Einkunftsarten die deutsche Steuer auf die schwedische Steuer an (Anrechnungsmethode).

9.25 Schweiz

Steuersatz
Natürliche Personen: Steuer muss auf drei Ebenen gezahlt werden: 1. national, 2. kantonal und 3. gemeindlich. In Zürich ergibt sich daraus eine Gesamtsteuerbelas-

tung von bis zu ca. 27,5 %. Vom Arbeitslohn von beschränkt steuerpflichtigen Grenzgängern wird eine Quellensteuer von 4,5 % einbehalten.

Körperschaftsteuersatz: Steuer muss auf drei Ebenen gezahlt werden: 1. national, 2. kantonal und 3. gemeindlich. Kombiniert liegt der Körperschaftsteuersatz z. B. in Zürich bei 21,15 %.

Natürliche Personen: Steuerpflicht
Unbeschränkte Steuerpflicht, wenn jeweils:

- Wohnsitz in der Schweiz, was eine Registrierung bei den lokalen Behörden einschließt,
- Aufenthalt von 30 Tagen (kontinuierlich oder mit kurzen Unterbrechungen) und Vorhaben, Erwerbstätigkeit auszuüben,
- Aufenthalt von 90 Tagen (kontinuierlich oder mit kurzen Unterbrechungen) und kein Vorhaben, Erwerbstätigkeit auszuüben.

Die unbeschränkte Steuerpflicht bezieht sich auf das Welteinkommen.

Kapitalgesellschaften: Steuerpflicht
Unbeschränkte Steuerpflicht für Unternehmen, wenn 1. als Schweizer Firma registriert oder 2. Sitz der Geschäftsführung in der Schweiz. Sitz der Geschäftsführung wird angenommen, wenn dort z. B. tägliche Leitungsentscheidungen für Unternehmen getroffen werden oder Treffen der Geschäftsführung stattfinden. Konsequenz: Besteuerung des Welteinkommens.

Beschränkte Steuerpflicht bei Betriebsstätte nach üblichen Regeln des OECD-MA (ohne Negativliste).

Homeoffice in der Schweiz kann eine Betriebsstätte auslösen, insbesondere wenn der Arbeitgeber keinen Arbeitsplatz im Hauptsitz bereitstellt und das Homeoffice auf Dauer angelegt ist.

DBA mit Deutschland
DBA ist vorhanden und folgt zum Großteil dem OECD-MA. Für den 183-Tage-Zeitraum zur Festlegung des Besteuerungsrechts für unselbstständige Arbeit wird auf den Aufenthalt innerhalb eines Kalenderjahrs abgestellt.

Besonderheiten:

- Personen mit ständiger Wohnstätte in Deutschland können, auch wenn ihr Lebensmittelpunkt oder gewöhnlicher Aufenthalt in der Schweiz liegt, mit Welteinkommen in Deutschland besteuert werden, ausgenommen Schweizer Einkommen.
- Personen mit vorher mindestens fünfjähriger unbeschränkter Steuerpflicht in Deutschland können, nach Umzug in die Schweiz, weitere fünf Jahre mit Welteinkommen in Deutschland besteuert werden, ausgenommen Schweizer Einkommen. Ausnahme: Person übt lediglich unselbstständige Arbeit in der Schweiz aus und ist am Arbeitgeber weder unmittelbar noch mittelbar beteiligt oder wirtschaftlich interessiert.
- Grenzgänger, die in einem Land ihren Wohnsitz haben, an den sie täglich zurückkehren (keine Grenzzonenregel!), und im anderen Land arbeiten, werden im Wohnsitzstaat besteuert. Das Land, in dem die Tätigkeit ausgeübt wird, darf eine Abzugssteuer von 4,5 % erheben, welche im anderen Land auf die Steuer angerechnet wird. Bleibt eine Person aus beruflichen Gründen mehr als 60 Tage komplett im Tätigkeitsland, so ist das Einkommen komplett im Tätigkeitsland zu versteuern.

Ein eigener Artikel 14 für Einkommen aus der Tätigkeit als „Freier Beruf" existiert. Er stellt auf einen festen Tätigkeitsort ab, der für ein Besteuerungsrecht gegeben sein muss. Dieser folgt der Definition der Betriebsstätte.

Für in der Schweiz mittels einer Betriebsstätte erwirtschaftete Unternehmensgewinne, Gewinne aus selbstständiger Arbeit oder Einkünfte aus unselbstständiger Arbeit, die in der Schweiz ausgeübt wird, gilt in Deutschland die Freistellungsmethode. Auch die Schweiz stellt bei dortiger Ansässigkeit diese Einkünfte aus Deutschland frei.

9.26 Serbien

Steuersatz
Natürliche Personen: Arbeitseinkommen wird mit 10 % besteuert, die meisten anderen Einkünfte mit 10–20 %. Grundsätzlich wird Einkommen, welches dreimal bzw. sechsmal so hoch wie das durchschnittliche Einkommen ist, zusätzlich mit 10 % (dreimal so hoch) bzw. 15 % (sechsmal so hoch) besteuert.

Körperschaftsteuersatz: 15 %.

Natürliche Personen: Steuerpflicht
Unbeschränkte Steuerpflicht, wenn jeweils:

- Wohnsitz oder Lebensmittelpunkt in Serbien,
- Aufenthalt von 183 Tagen oder mehr (kontinuierlich oder mit Unterbrechungen) in einer Zwölf-Monats-Periode, die während des Steuerjahrs (gleich Kalenderjahr) anfängt oder endet.

Die unbeschränkte Steuerpflicht bezieht sich auf das Welteinkommen.

Kapitalgesellschaften: Steuerpflicht
Unbeschränkte Steuerpflicht für Unternehmen, wenn 1. als serbische Firma registriert oder 2. Sitz der Geschäftsführung in Serbien. Konsequenz: Besteuerung des Welteinkommens.

Beschränkte Steuerpflicht bei Betriebsstätte, für die lediglich eine sehr allgemeine Definition vorliegt (Ort, durch welchen ausländische Firma ihre Geschäfte durchführt).

DBA mit Deutschland
DBA ist vorhanden und folgt zum Großteil dem OECD-MA. Der 183-Tage-Zeitraum zur Festlegung des Besteuerungsrechts für unselbstständige Arbeit stellt auf den Aufenthalt innerhalb eines Kalenderjahres ab.

Ein eigener Artikel 14 für Einkommen aus der Tätigkeit als „Freier Beruf" existiert. Er stellt auf einen festen Tätigkeitsort ab, der für ein Besteuerungsrecht gegeben sein muss. Dieser folgt der Definition der Betriebsstätte. Zusätzlich muss sich, um ein Besteuerungsrecht von Serbien zu rechtfertigen, die selbstständige Person 183 Tage im Kalenderjahr in Serbien aufgehalten haben.

Für in Serbien mittels einer Betriebsstätte erwirtschaftete Unternehmensgewinne, Gewinne aus selbstständiger Arbeit oder Einkünfte aus unselbstständiger Arbeit, die in Serbien ausgeübt wird, gilt in Deutschland die Freistellungsmethode. Auch Serbien stellt bei dortiger Ansässigkeit diese Einkünfte aus Deutschland frei.

9.27 Slowakei

Steuersatz
Natürliche Personen: Progressiver Steuersatz mit zwei Stufen, 19 % bis 38.553,01 €, 25 % darüber. Kapitaleinkünfte werden mit 19 % pauschal besteuert, Dividenden mit 7 %.

Körperschaftsteuersatz: 21 %, 15 % für kleine Unternehmen mit Umsatz bis 49.700 €.

Natürliche Personen: Steuerpflicht
Unbeschränkte Steuerpflicht, wenn jeweils:

- Wohnsitz in Slowakei,
- Immobilie in Slowakei, die auf dauerhaften Aufenthalt schließen lässt,
- Aufenthalt von 183 Tagen oder mehr (kontinuierlich oder mit Unterbrechungen) im Kalenderjahr.

Die unbeschränkte Steuerpflicht bezieht sich auf das Welteinkommen.

Kapitalgesellschaften: Steuerpflicht
Unbeschränkte Steuerpflicht für Unternehmen, wenn 1. als slowakische Firma registriert oder 2. Sitz der Geschäftsführung in der Slowakei. Konsequenz: Besteuerung des Welteinkommens. Beschränkte Steuerpflicht bei Betriebsstätte nach üblichen Regeln des OECD-MA (ohne Negativliste). Zusätzlich Dienstleistungsbetriebsstätte, wenn mehr als sechs Monate Dienstleistungen für ausländischen Arbeitgeber in Slowakei erbracht werden.

DBA mit Deutschland
DBA ist vorhanden und folgt zum Großteil dem OECD-MA. Für den 183-Tage-Zeitraum zur Festlegung des Besteuerungsrechts für unselbstständige Arbeit wird auf den Aufenthalt innerhalb eines Kalenderjahrs abgestellt.

Ein eigener Artikel 14 für Einkommen aus der Tätigkeit als „Freier Beruf" existiert. Er stellt auf einen festen Tätigkeitsort ab, der für ein Besteuerungsrecht gegeben sein muss. Dieser folgt der Definition der Betriebsstätte.

Für in der Slowakei mittels einer Betriebsstätte erwirtschaftete Unternehmensgewinne, Gewinne aus selbstständiger Arbeit oder Einkünfte aus unselbstständiger Arbeit, die in der Slowakei ausgeübt wird, gilt in Deutschland die Freistellungsmethode. Andersherum rechnet die Slowakei bei diesen Einkunftsarten die deutsche Steuer auf die slowakische Steuer an (Anrechnungsmethode).

9.28 Spanien

Steuersatz
Natürliche Personen: Progressiver Steuersatz, 47 % ab 300.000 € Einkommen. Beschränkt steuerpflichtiges Arbeitseinkommen wird pauschal mit 19 % besteuert.

Körperschaftsteuersatz: 25 %.

Natürliche Personen: Steuerpflicht
Unbeschränkte Steuerpflicht, wenn jeweils:

- Lebensmittelpunkt in Spanien, etwa wenn Kinder oder Ehepartner in Spanien leben,
- Aufenthalt von 183 Tagen oder mehr (kontinuierlich oder mit kurzen Unterbrechungen) im Kalenderjahr.

Die unbeschränkte Steuerpflicht bezieht sich auf das Welteinkommen.

Kapitalgesellschaften: Steuerpflicht
Unbeschränkte Steuerpflicht für Unternehmen, wenn 1. als spanische Firma registriert oder 2. Sitz der Geschäftsführung in Spanien. Konsequenz: Besteuerung des Welteinkommens. Beschränkte Steuerpflicht bei Betriebsstätte nach üblichen Regeln des OECD-MA (ohne Negativliste).

Homeoffice in Spanien kann eine Betriebsstätte auslösen. Dabei zu beachtende Punkte sind etwa die Permanenz des Homeoffice sowie, ob die ausländische Firma die Anweisung für das Homeoffice gegeben hat, Kosten dafür übernimmt oder keinen Arbeitsplatz am Unternehmenssitz bereitstellt.

DBA mit Deutschland
DBA ist vorhanden und folgt zum Großteil dem OECD-MA. Für den 183-Tage-Zeitraum zur Festlegung des Besteuerungsrechts für unselbstständige Arbeit wird auf den Aufenthalt innerhalb eines Zwölf-Monats-Zeitraums abgestellt, der innerhalb des Steuerjahrs (gleich Kalenderjahr) anfängt oder aufhört.

Für in Spanien mittels einer Betriebsstätte erwirtschaftete Unternehmensgewinne, Gewinne aus selbstständiger Arbeit oder Einkünfte aus unselbstständiger Arbeit, die in Spanien ausgeübt wird, gilt in Deutschland die Freistellungsmethode. Andersherum rechnet Spanien bei diesen Einkunftsarten die deutsche Steuer auf die spanische Steuer an (Anrechnungsmethode).

9.29 Thailand

Steuersatz
Natürliche Personen: Progressiver Steuersatz, 35 % ab Einkommen von 5 Mio. THB.

Körperschaftsteuersatz: 20 %, grundsätzlich 15 % auf Einkünfte von Betriebsstätten ausländischer Firmen.

Natürliche Personen: Steuerpflicht
Unbeschränkte Steuerpflicht, wenn Aufenthalt von insgesamt 180 Tagen oder mehr (kontinuierlich oder mit Unterbrechungen) pro Kalenderjahr. Die unbeschränkte Steuerpflicht bezieht sich auf das in Thailand erwirtschaftete Einkommen sowie nach Thailand abgeführtes ausländisches Einkommen. Im Ausland verbleibendes ausländisches Einkommen wird nicht in Thailand besteuert.

Kapitalgesellschaften: Steuerpflicht
Unbeschränkte Steuerpflicht für Unternehmen, nur wenn als thailändische Firma registriert. Konsequenz: Besteuerung des Welteinkommens.

Beschränkte Steuerpflicht, wenn „Geschäfte in Thailand betrieben werden". Dies schließt die Präsenz eines Angestellten ein. Homeoffice in Thailand kann daher klar eine Betriebsstätte auslösen.

DBA mit Deutschland
DBA ist vorhanden und folgt zum Großteil dem OECD-MA. Für den 183-Tage-Zeitraum zur Festlegung des Besteuerungsrechts für unselbstständige Arbeit wird auf den Aufenthalt innerhalb des Kalenderjahrs abgestellt.

Für in Thailand mittels einer Betriebsstätte erwirtschaftete Unternehmensgewinne, Gewinne aus selbstständiger Arbeit oder Einkünfte aus unselbstständiger Arbeit, die in Thailand ausgeübt wird, gilt in Deutschland die Freistellungsmethode. Auch Thailand stellt bei dortiger Ansässigkeit diese Einkünfte aus Deutschland frei.

9.30 Tschechien

Steuersatz
Natürliche Personen: Progressiver Steuersatz mit zwei Stufen, bis Einkommen von 1.867.728 CZK 15 %, darüber 23 %.

Körperschaftsteuersatz: 19 %.

Natürliche Personen: Steuerpflicht
Unbeschränkte Steuerpflicht, wenn jeweils:

- Innehaben einer Immobilie in Tschechien, die auf einen permanenten Aufenthalt schließen lässt,
- Aufenthalt von insgesamt 183 Tagen (am Stück oder mit Unterbrechungen) oder mehr pro Kalenderjahr.

Die unbeschränkte Steuerpflicht bezieht sich auf das Welteinkommen.

Kapitalgesellschaften: Steuerpflicht
Unbeschränkte Steuerpflicht für Unternehmen, wenn 1. als tschechische Firma registriert oder 2. Sitz der Geschäftsführung in Tschechien. Konsequenz: Besteuerung des Welteinkommens. Beschränkte Steuerpflicht bei Betriebsstätte nach üblichen Regeln des OECD-MA (ohne Negativliste). Eine Betriebsstätte kann auch entstehen, wenn über einen Zeitraum von 183 Tagen innerhalb von zwölf Monaten, die im Steuerjahr enden oder anfangen, Dienstleistungen in Tschechien erbracht werden.

DBA mit Deutschland
DBA ist vorhanden und folgt zum Großteil dem OECD-MA. Für den 183-Tage-Zeitraum zur Festlegung des Besteuerungsrechts für unselbstständige Arbeit wird auf den Aufenthalt innerhalb eines Kalenderjahrs abgestellt.

Ein eigener Artikel 14 für Einkommen aus der Tätigkeit als „Freier Beruf" existiert. Er stellt auf einen festen Tätigkeitsort ab, der für ein Besteuerungsrecht gegeben sein muss. Dieser folgt der Definition der Betriebsstätte.

Eine Dienstleistungsbetriebsstätte ist im DBA mit Tschechien noch nicht vorgesehen.

Für in Tschechien mittels einer Betriebsstätte erwirtschaftete Unternehmensgewinne, Gewinne aus selbstständiger Arbeit oder Einkünfte aus unselbstständiger Arbeit, die in Tschechien ausgeübt wird, gilt in Deutschland die Freistellungsmethode. Andersherum rechnet Tschechien bei diesen Einkunftsarten die deutsche Steuer auf die tschechische Steuer an (Anrechnungsmethode).

9.31 Türkei

Steuersatz
Natürliche Personen: Progressiver Steuersatz, ab Einkommen von 880.000 40 %.

9.31 Türkei

Körperschaftsteuersatz: 23 %.

Natürliche Personen: Steuerpflicht
Unbeschränkte Steuerpflicht, wenn jeweils:

- als langfristig in der Türkei lebend registriert,
- Intention, langfristig in der Türkei zu leben,
- Aufenthalt von insgesamt 183 Tagen (kontinuierlich oder mit kurzen Unterbrechungen) oder mehr pro Kalenderjahr.

Die unbeschränkte Steuerpflicht bezieht sich auf das Welteinkommen.

Kapitalgesellschaften: Steuerpflicht
Unbeschränkte Steuerpflicht für Unternehmen, wenn 1. als türkische Firma registriert oder 2. Sitz der Geschäftsführung in der Türkei. Konsequenz: Besteuerung des Welteinkommens. Beschränkte Steuerpflicht bei Betriebsstätte nach üblichen Regeln des OECD-MA (ohne Negativliste). Ausnahme: Keine Mindestdauer der Türkeipräsenz für Vorliegen einer Betriebsstätte erforderlich.

DBA mit Deutschland
DBA ist vorhanden und folgt zum Großteil dem OECD-MA. Für den 183-Tage-Zeitraum zur Festlegung des Besteuerungsrechts für unselbstständige Arbeit wird auf den Aufenthalt innerhalb eines Zwölf-Monats-Zeitraums abgestellt, der innerhalb des Steuerjahrs (gleich Kalenderjahr) anfängt oder aufhört.

Ein eigener Artikel 14 für Einkommen aus der Tätigkeit als „Freier Beruf" existiert. Er stellt auf einen festen Tätigkeitsort ab, der für ein Besteuerungsrecht gegeben sein muss. Dieser folgt der Definition der Betriebsstätte.
Besonderheit: Eine Betriebsstätte wird nach dem DBA angenommen, wenn Beratungsleistungen sechs Monate oder länger in einem Land andauern.
Für in der Türkei mittels einer Betriebsstätte erwirtschaftete Unternehmensgewinne, Gewinne aus selbstständiger Arbeit oder Einkünfte aus unselbstständiger Arbeit, die in der Türkei ausgeübt wird, gilt in Deutschland die Freistellungsmethode. Andersherum rechnet die Türkei bei diesen Einkunftsarten die deutsche Steuer auf die türkische Steuer an (Anrechnungsmethode).

9.32 Ungarn

Steuersatz
Natürliche Personen: Durchgängig 15 %

Körperschaftsteuersatz: 9 %, plus maximal 2 % lokale Steuer und Innovationszuschlag von 0,3 %.

Natürliche Personen: Steuerpflicht
Unbeschränkte Steuerpflicht, wenn jeweils:

- Immobilie, die auf dauerhaften Aufenthalt in Ungarn schließen lässt,
- Lebensmittelpunkt in Ungarn,
- Aufenthalt von insgesamt 183 Tagen oder mehr (kontinuierlich oder mit Unterbrechungen) im Kalenderjahr,
- Aufenthaltserlaubnis, die speziell aufgrund langfristiger Investitionsprojekte in Ungarn gewährt wurde.

Die unbeschränkte Steuerpflicht bezieht sich auf das Welteinkommen.

Kapitalgesellschaften: Steuerpflicht
Unbeschränkte Steuerpflicht für Unternehmen, wenn 1. als ungarische Firma registriert oder 2. Sitz der Geschäftsführung in Ungarn. Konsequenz: Besteuerung des Welteinkommens. Beschränkte Steuerpflicht bei Betriebsstätte nach üblichen Regeln des OECD-MA (mit Negativliste). Zusätzlich Dienstleistungsbetriebsstätte, wenn mehr als sechs Monate Dienstleistungen für ausländischen Arbeitgeber in Ungarn erbracht werden.

DBA mit Deutschland
DBA ist vorhanden und folgt zum Großteil dem OECD-MA. Für den 183-Tage-Zeitraum zur Festlegung des Besteuerungsrechts für unselbstständige Arbeit wird auf den Aufenthalt innerhalb eines Zwölf-Monats-Zeitraums abgestellt, der innerhalb des Steuerjahrs (gleich Kalenderjahr) anfängt oder aufhört.

Für in Ungarn mittels einer Betriebsstätte erwirtschaftete Unternehmensgewinne, Gewinne aus selbstständiger Arbeit oder Einkünfte aus unselbstständiger Arbeit, die in Ungarn ausgeübt wird, gilt in Deutschland die Freistellungsmethode. Auch Ungarn stellt bei dortiger Ansässigkeit diese Einkünfte aus Deutschland frei.

9.33 Vereinigte Arabische Emirate (VAE)

Steuersatz
Natürliche Personen: Keine Einkommensteuer.

Körperschaftsteuersatz: Abhängig vom jeweiligen Emirat, bis 55 %. Nach Berichten wird Körperschaftsteuer in der Praxis oft nur von Firmen im Ölsektor sowie ausländischen Banken erhoben. Zusätzlich existieren spezielle ökonomische Zonen, in denen Firmen von Körperschaftsteuer ausgenommen sind. Berichten zufolge soll zukünftig eine allgemeine Körperschaftsteuer von 9 % für Einkommen über 375.000 VAE-Dirham gelten.

Natürliche Personen: Steuerpflicht
Keine Einkommensteuer. Für die Zwecke von Doppelbesteuerungsabkommen können sich natürliche Personen ein Zertifikat ausstellen lassen, welches eine Pro-Forma-Steuerpflicht in den VAE bestätigt.

Kapitalgesellschaften: Steuerpflicht
Steuerpflicht für Unternehmen, wenn geschäftlich aktiv in den VAE. Keine Besteuerung des Welteinkommens, daher keine unbeschränkte Steuerpflicht.

Beschränkte Steuerpflicht bei Betriebsstätte nach üblichen Regeln des OECD-MA (ohne Negativliste).

9.34 Vereinigte Staaten (USA)

DBA mit Deutschland seit 01.01.2022 außer Kraft

Steuersatz
Natürliche Personen: Progressiver Steuersatz, ab Einkommen von 539.901 USD 37 %.

Körperschaftsteuersatz: 21 %, zuzüglich Steuer von Bundesstaaten (1–12 %). Ohne Betriebsstätte in den USA erwirtschaftetes Einkommen wird pauschal mit 30 % besteuert.

Natürliche Personen: Steuerpflicht
US-amerikanische Staatsbürger sind immer unbeschränkt steuerpflichtig, auch wenn nicht in den USA wohnhaft und ohne gewöhnlichen Aufenthalt.

Unbeschränkte Steuerpflicht für Nicht-US-Staatsbürger, jeweils wenn:

- Personen mit permanentem Aufenthaltstitel in den USA („Green Card"). Personen mit Green Card sind auch unbeschränkt in den USA steuerpflichtig, wenn sie nicht in den USA wohnhaft und dort ihren gewöhnlichen Aufenthalt haben.
- Ansonsten: Aufenthalt von mindestens 31 Tagen (zusammenhängend) im aktuellen Jahr und aggregiert 183 Tage Aufenthalt im aktuellen Jahr sowie in den vorangegangenen zwei Jahren. Für die Berechnung der aggregierten 183 Tage gilt ein Tag im vorangegangenen Jahr als 1/3 Tag, ein Tag im zweiten vorangegangenen Jahr gilt als 1/6 Tag.

Die unbeschränkte Steuerpflicht bezieht sich auf das Welteinkommen.

Kapitalgesellschaften: Steuerpflicht
Unbeschränkte Steuerpflicht für Unternehmen, wenn in den USA als Firma registriert. Der Sitz der Geschäftsführung spielt explizit keine Rolle. Konsequenz: Besteuerung des Welteinkommens.

Beschränkte Steuerpflicht bei Betriebsstätte. Diese liegt vor bei jedem festen Ort einer Geschäftstätigkeit oder ständigem Vertreter.

DBA mit Deutschland
DBA ist vorhanden und folgt zum Großteil dem OECD-MA. Für den 183-Tage-Zeitraum zur Festlegung des Besteuerungsrechts für unselbstständige Arbeit wird auf den Aufenthalt innerhalb eines Kalenderjahrs abgestellt.

Für in den USA mittels einer Betriebsstätte erwirtschaftete Unternehmensgewinne, Gewinne aus selbstständiger Arbeit oder Einkünfte aus unselbstständiger Arbeit, die in den USA ausgeübt wird, gilt in Deutschland die Freistellungsmethode. Andersherum (auch bei US-Staatsbürgern, die in Deutschland Wohnsitz oder gewöhnlichen Aufenthalt haben) rechnen die USA bei diesen Einkunftsarten die deutsche Steuer auf die US-amerikanische Steuer an (Anrechnungsmethode).

9.35 Vereinigtes Königreich (UK)

Steuersatz
Natürliche Personen: Progressiver Steuersatz, ab Einkommen von 150.000 GBP 45 %.

Körperschaftsteuersatz: Generell 19 %.

Natürliche Personen: Steuerpflicht
Unbeschränkte Steuerpflicht, wenn jeweils:

- Aufenthalt von 183 Tagen oder mehr (kontinuierlich oder mit Unterbrechungen) im Steuerjahr (beginnt 06.04. eines Jahres und endet am 05.04. des Folgejahres),
- einziger weltweiter Wohnsitz in UK an 91 Tagen (zusammenhängend) im Steuerjahr,
- Vollzeitarbeit (35 Stunden oder mehr pro Woche) an 365 Tagen in UK, kurze Unterbrechungen sind unerheblich,
- Tod während des Steuerjahres, unbeschränkte Steuerpflicht in drei vorigen Steuerjahren.

Eine unbeschränkte Steuerpflicht wird explizit ausgeschlossen, wenn jeweils:

- unbeschränkte Steuerpflicht in einem der drei vorigen Steuerjahre und Aufenthalt von 15 Tagen oder weniger im aktuellen Steuerjahr,
- keine vorige unbeschränkte Steuerpflicht und Aufenthalt von 45 Tagen oder weniger im aktuellen Steuerjahr,
- weniger als 31 Tätigkeitstage und weniger als 91 Aufenthaltstage während des Steuerjahres.

Wenn eine unbeschränkte Steuerpflicht anhand der obigen Kriterien weder bejaht noch ausgeschlossen werden kann, kann zusätzlich bei Lebensmittelpunkt in UK (z. B. durch Aufenthalt der Familie) eine unbeschränkte Steuerpflicht begründet werden.
Die unbeschränkte Steuerpflicht bezieht sich auf das Welteinkommen.

Kapitalgesellschaften: Steuerpflicht
Unbeschränkte Steuerpflicht für Unternehmen, wenn 1. als UK-Firma registriert oder 2. Sitz der Geschäftsführung in UK. Konsequenz: Besteuerung des Welteinkommens.

Beschränkte Steuerpflicht bei Betriebsstätte nach üblichen Regeln des OECD-MA (mit Negativliste).

Homeoffice aus UK kann eine Betriebsstätte begründen, insbesondere wenn dies auf Dauer angelegt ist.

DBA mit Deutschland
DBA ist vorhanden und folgt im Großteil dem OECD-MA. Für den 183-Tage-Zeitraum zur Festlegung des Besteuerungsrechts für unselbstständige Arbeit wird auf den Aufenthalt innerhalb eines Zwölf-Monats-Zeitraums abgestellt, der innerhalb des Steuerjahres (gleich Kalenderjahr) anfängt oder aufhört.

Für in UK mittels einer Betriebsstätte erwirtschaftete Unternehmensgewinne, Gewinne aus selbstständiger Arbeit oder Einkünfte aus unselbstständiger Arbeit, die in UK ausgeübt wird, gilt in Deutschland die Freistellungsmethode. Andersherum rechnet UK bei diesen Einkunftsarten die deutsche Steuer auf die britische Steuer an (Anrechnungsmethode).

Anhang: OECD-Musterabkommen 10

Stand: Juli 2017 (**OECD-MA 2017**), in der Übersetzung von Prof. Dr. Henning Tappe, Universität Trier

Inhaltsübersicht
Abschnitt I. Geltungsbereich des Abkommens
Art. 1 Unter das Abkommen fallende Personen
Art. 2 Unter das Abkommen fallende Steuern

Abschnitt II. Begriffsbestimmungen
Art. 3 Allgemeine Begriffsbestimmungen
Art. 4 Ansässige Person
Art. 5 Betriebstätte

Abschnitt III. Besteuerung des Einkommens
Art. 6 Einkünfte aus unbeweglichem Vermögen
Art. 7 Unternehmensgewinne
Art. 8 Seeschifffahrt, Binnenschifffahrt und Luftfahrt
Art. 9 Verbundene Unternehmen
Art. 10 Dividenden
Art. 11 Zinsen
Art. 12 Lizenzgebühren

Art. 13 Gewinne aus der Veräußerung von Vermögen
Art. 14 ---
Art. 15 Einkünfte aus unselbständiger Arbeit
Art. 16 Aufsichtsrats- und Verwaltungsratsvergütungen
Art. 17 Künstler und Sportler
Art. 18 Ruhegehälter
Art. 19 Öffentlicher Dienst
Art. 20 Studenten
Art. 21 Andere Einkünfte

Abschnitt IV. Besteuerung des Vermögens
Art. 22 Vermögen

Abschnitt V. Methoden zur Vermeidung der Doppelbesteuerung
Art. 23 A Befreiungsmethode
Art. 23 B Anrechnungsmethode

Abschnitt VI. Besondere Bestimmungen
Art. 24 Gleichbehandlung
Art. 25 Verständigungsverfahren
Art. 26 Informationsaustausch
Art. 27 Amtshilfe bei der Erhebung von Steuern
Art. 28 Mitglieder diplomatischer Missionen und konsularischer Vertretungen
Art. 29 Ausdehnung des räumlichen Geltungsbereichs

Abschnitt VII. Schlussbestimmungen
Art. 30 Inkrafttreten
Art. 31 Kündigung

Schlussklausel

Abschnitt I. Geltungsbereich des Abkommens
Art. 1. Unter das Abkommen fallende Personen. (1) Dieses Abkommen gilt für Personen, die in einem Vertragsstaat oder in beiden Vertragsstaaten ansässig sind.

(2) Für die Zwecke dieses Abkommens gelten Einkünfte, die von oder über einen Rechtsträger oder ein Gebilde erzielt werden, die nach dem Steuerrecht eines der Vertragsstaaten ganz oder teilweise steuerlich transparent behandelt werden, als Einkünfte einer in einem Vertragsstaat ansässigen Person, jedoch nur insoweit, als diese Einkünfte für die Zwecke der Besteuerung durch diesen Staat als Einkünfte einer in diesem Vertragsstaat ansässigen Person behandelt werden.

(3) Dieses Abkommen berührt nicht die Besteuerung einer in einem Vertragsstaat ansässigen Person durch einen Vertragsstaat mit Ausnahme der nach Artikel 7 Absatz 3, Artikel 9 Absatz 2 und den Artikeln 19, 20, 23, 24, 25 und 28 gewährten Vergünstigungen/Vorteilen.

Art. 2. Unter das Abkommen fallende Steuern (1) Dieses Abkommen gilt, ohne Rücksicht auf die Art der Erhebung, für Steuern vom Einkommen und vom Vermögen, die für Rechnung eines Vertragsstaats oder seiner Gebietskörperschaften erhoben werden.

(2) Als Steuern vom Einkommen und vom Vermögen gelten alle Steuern, die vom Gesamteinkommen, vom Gesamtvermögen oder von Teilen des Einkommens oder des Vermögens erhoben werden, einschließlich der Steuern vom Gewinn aus der Veräußerung beweglichen oder unbeweglichen Vermögens, der Lohnsummensteuern sowie der Steuern vom Vermögenszuwachs.

(3) Zu den bestehenden Steuern, für die das Abkommen gilt, gehören insbesondere ...

(4) [1]Das Abkommen gilt auch für alle Steuern gleicher oder im Wesentlichen ähnlicher Art, die nach der Unterzeichnung des Abkommens neben den bestehenden Steuern oder an deren Stelle erhoben werden. [2]Die zuständigen Behörden der Vertragsstaaten teilen einander die in ihren Steuergesetzen eingetretenen bedeutsamen Änderungen mit.

Abschnitt II. Begriffsbestimmungen
Art. 3. Allgemeine Begriffsbestimmungen. (1) Im Sinne dieses Abkommens, wenn der Zusammenhang nichts anderes erfordert,

a) umfasst der Ausdruck „Person" natürliche Personen, Gesellschaften und alle anderen Personenvereinigungen;

b) bedeutet der Ausdruck „Gesellschaft" juristische Personen oder Rechtsträger, die für die Besteuerung wie juristische Personen behandelt werden;
c) bezieht sich der Ausdruck „Unternehmen" auf die Ausübung einer Geschäftstätigkeit;
d) bedeuten die Ausdrücke „Unternehmen eines Vertragsstaats" und „Unternehmen des anderen Vertragsstaats", je nachdem, ein Unternehmen, das von einer in einem Vertragsstaat ansässigen Person betrieben wird, oder ein Unternehmen, das von einer im anderen Vertragsstaat ansässigen Person betrieben wird;
e) bedeutet der Ausdruck „internationaler Verkehr" jede Beförderung mit einem Seeschiff oder Luftfahrzeug, es sei denn, das Seeschiff oder Luftfahrzeug wird ausschließlich zwischen Orten in einem Vertragsstaat betrieben und das Unternehmen, das das Seeschiff oder Luftfahrzeug betreibt, ist kein Unternehmen dieses Vertragsstaats;
f) bedeutet der Ausdruck „zuständige Behörde"
   i) (in Staat A): …
   ii) (in Staat B): …
g) bedeutet der Ausdruck „Staatsangehöriger" in Bezug auf einen Vertragsstaat
   i) jede natürliche Person, die die Staatsangehörigkeit oder Staatsbürgerschaft dieses Vertragsstaats besitzt; und
   ii) jede juristische Person, Personengesellschaft und andere Personenvereinigung, die nach dem in diesem Vertragsstaat geltenden Recht errichtet worden ist;
h) schließt der Ausdruck „Geschäftstätigkeit" auch die Ausübung einer freiberuflichen oder sonstigen selbständigen Tätigkeit ein.
i) bedeutet der Ausdruck „anerkannter Pensionsfonds" eines Staats ein in diesem Vertragsstaat errichteter Rechtsträger oder ein in diesem Vertragsstaat errichtetes Gebilde, der beziehungsweise das nach dem Steuerrecht dieses Vertragsstaats als eigenständige Person gilt und:
   i) ausschließlich oder fast ausschließlich errichtet und betrieben wird, um für natürliche Personen Altersversorgungsleistungen und Zusatz- oder Nebenleistungen zu verwalten oder zu erbringen, und als solcher beziehungsweise solche der Aufsicht durch diesen Vertragsstaat oder eine seiner Gebietskörperschaften untersteht; oder
   ii) ausschließlich oder fast ausschließlich errichtet und betrieben wird, um für unter Ziffer i beschriebene Rechtsträger oder Gebilde Mittel anzulegen.

(2) Bei der Anwendung des Abkommens durch einen Vertragsstaat hat, wenn der Zusammenhang nichts anderes erfordert oder die zuständigen Behörden nicht

eine andere Bedeutung nach den Vorschriften des Artikels 25 vereinbaren, jeder im Abkommen nicht definierte Ausdruck die Bedeutung, die ihm im Anwendungszeitraum nach dem Recht dieses Staates über die Steuern zukommt, für die das Abkommen gilt, wobei die Bedeutung nach dem in diesem Staat anzuwendenden Steuerrecht den Vorrang vor einer Bedeutung hat, die der Ausdruck nach anderem Recht dieses Staates hat.

Art. 4. Ansässige Person (1) [1]Im Sinne dieses Abkommens bedeutet der Ausdruck „eine in einem Vertragsstaat ansässige Person" eine Person, die nach dem Recht dieses Staates dort auf Grund ihres Wohnsitzes, ihres ständigen Aufenthalts, des Ortes ihrer Geschäftsleitung oder eines anderen ähnlichen Merkmals steuerpflichtig ist, und umfasst auch diesen Staat und seine Gebietskörperschaften sowie ein anerkanntes Pensionssondervermögen dieses Staates. [2]Der Ausdruck umfasst jedoch nicht eine Person, die in diesem Staat nur mit Einkünften aus Quellen in diesem Staat oder mit in diesem Staat gelegenem Vermögen steuerpflichtig ist.

(2) Ist nach Absatz 1 eine natürliche Person in beiden Vertragsstaaten ansässig, so gilt Folgendes:
  a) Die Person gilt als nur in dem Staat ansässig, in dem sie über eine ständige Wohnstätte verfügt; verfügt sie in beiden Staaten über eine ständige Wohnstätte, so gilt sie als nur in dem Staat ansässig, zu dem sie die engeren persönlichen und wirtschaftlichen Beziehungen hat (Mittelpunkt der Lebensinteressen);
  b) kann nicht bestimmt werden, in welchem Staat die Person den Mittelpunkt ihrer Lebensinteressen hat, oder verfügt sie in keinem der Staaten über eine ständige Wohnstätte, so gilt sie als nur in dem Staat ansässig, in dem sie ihren gewöhnlichen Aufenthalt hat;
  c) hat die Person ihren gewöhnlichen Aufenthalt in beiden Staaten oder in keinem der Staaten, so gilt sie als nur in dem Staat ansässig, dessen Staatsangehöriger sie ist;
  d) ist die Person Staatsangehöriger beider Staaten oder keines der Staaten, so regeln die zuständigen Behörden der Vertragsstaaten die Frage in gegenseitigem Einvernehmen.
(3) [1]Ist nach Absatz 1 eine andere als eine natürliche Person in beiden Vertragsstaaten ansässig, so werden sich die zuständigen Behörden der Vertragsstaaten bemühen, durch Verständigung den Vertragsstaat zu bestimmen, in dem diese

Person unter Berücksichtigung des Ortes ihrer tatsächlichen Geschäftsleitung, des Ortes ihrer Gründung oder sonstigen Konstituierung sowie sonstiger maßgeblicher Faktoren für Zwecke dieses Abkommens als ansässig gilt. ²Ohne eine solche Verständigung hat diese Person nur in dem Umfang und der Weise, wie von den zuständigen Behörden der Vertragsstaaten vereinbart, Anspruch auf die in diesem Abkommen vorgesehenen Steuererleichterungen oder -befreiungen.

Art. 5. Betriebstätte (1) Im Sinne dieses Abkommens bedeutet der Ausdruck „Betriebstätte" eine feste Geschäftseinrichtung, durch die die Geschäftstätigkeit eines Unternehmens ganz oder teilweise ausgeübt wird.

(2) Der Ausdruck „Betriebstätte" umfasst insbesondere:
   a) einen Ort der Leitung,
   b) eine Zweigniederlassung,
   c) eine Geschäftsstelle,
   d) eine Fabrikationsstätte,
   e) eine Werkstätte und
   f) ein Bergwerk, ein Öl- oder Gasvorkommen, einen Steinbruch oder eine andere Stätte der Ausbeutung von Bodenschätzen.

(3) Eine Bauausführung oder Montage ist nur dann eine Betriebstätte, wenn ihre Dauer zwölf Monate überschreitet.

(4) Ungeachtet der vorstehenden Bestimmungen dieses Artikels gelten nicht als Betriebstätten:
   a) Einrichtungen, die ausschließlich zur Lagerung, Ausstellung oder Auslieferung von Gütern oder Waren des Unternehmens benutzt werden;
   b) Bestände von Gütern oder Waren des Unternehmens, die ausschließlich zur Lagerung, Ausstellung oder Auslieferung unterhalten werden;
   c) Bestände von Gütern oder Waren des Unternehmens, die ausschließlich zu dem Zweck unterhalten werden, durch ein anderes Unternehmen bearbeitet oder verarbeitet zu werden;
   d) eine feste Geschäftseinrichtung, die ausschließlich zu dem Zweck unterhalten wird, für das Unternehmen Güter oder Waren einzukaufen oder Informationen zu beschaffen;
   e) eine feste Geschäftseinrichtung, die ausschließlich zu dem Zweck unterhalten wird, für das Unternehmen andere Tätigkeiten auszuüben, die vorbereitender Art sind oder eine Hilfstätigkeit darstellen;

f) eine feste Geschäftseinrichtung, die ausschließlich zu dem Zweck unterhalten wird, mehrere der unter den Buchstaben a bis e genannten Tätigkeiten auszuüben,
vorausgesetzt, dass diese Tätigkeit oder, im Fall des Buchstaben f), die Gesamttätigkeit der festen Geschäftseinrichtung vorbereitender Art ist oder eine Hilfstätigkeit darstellt.

(4.1) Absatz 4 gilt nicht für eine von einem Unternehmen genutzte oder unterhaltene feste Geschäftseinrichtung, wenn dasselbe Unternehmen oder ein eng verbundenes Unternehmen an demselben Ort oder an einem anderen Ort in demselben Vertragsstaat Geschäftstätigkeiten ausübt und

a) dieser Ort oder der andere Ort für das Unternehmen oder das eng verbundene Unternehmen nach den Bestimmungen dieses Artikels eine Betriebsstätte darstellt, oder

b) die Gesamttätigkeit, die sich aus den von den beiden Unternehmen an demselben Ort oder von demselben Unternehmen oder eng verbundenen Unternehmen an den beiden Orten ausgeübten Tätigkeiten ergibt, weder vorbereitender Art ist noch eine Hilfstätigkeit darstellt,

sofern die von den beiden Unternehmen an demselben Ort oder von demselben Unternehmen oder eng verbundenen Unternehmen an den beiden Orten ausgeübten Geschäftstätigkeiten sich ergänzende Funktionen darstellen, die Teil eines zusammenhängenden Geschäftsbetriebs sind.

(5) Ungeachtet der Bestimmungen der Absätze 1 und 2, jedoch vorbehaltlich des Absatzes 6, wird, wenn eine Person in einem Vertragsstaat für ein Unternehmen tätig ist und dabei gewöhnlich Verträge schließt oder gewöhnlich die führende Rolle beim Abschluss von Verträgen einnimmt, die regelmäßig ohne weitere wesentliche Änderung durch das Unternehmen geschlossen werden, und es sich dabei um Verträge

a) im Namen des Unternehmens, oder

b) zur Übertragung des Eigentums an oder zur Gewährung des Nutzungsrechts für Vermögen, das diesem Unternehmen gehört oder für das es das Nutzungsrecht besitzt, oder

c) zur Erbringung von Dienstleistungen durch dieses Unternehmen

handelt, das Unternehmen so behandelt, als habe es in diesem Staat für alle von der Person für das Unternehmen ausgeübten Tätigkeiten eine Betriebsstätte, es sei denn, diese Tätigkeiten beschränken sich auf die in Absatz 4 genannten Tätigkeiten, die, würden sie durch eine feste Geschäftseinrichtung (außer einer festen Geschäftseinrichtung, auf die Absatz 4.1 Anwendung finden würde) ausgeübt, diese Einrichtung nach den Bestimmungen des genannten Absatzes nicht zu einer Betriebsstätte machten.

(6) ¹Absatz 5 gilt nicht, wenn die in einem Vertragsstaat für ein Unternehmen des anderen Vertragsstaats tätige Person im erstgenannten Staat eine Geschäftstätigkeit als unabhängiger Vertreter ausübt und im Rahmen dieser ordentlichen Geschäftstätigkeit für das Unternehmen handelt. ²Ist eine Person jedoch ausschließlich oder nahezu ausschließlich für ein oder mehrere Unternehmen tätig, mit dem beziehungsweise denen sie eng verbunden ist, so gilt diese Person in Bezug auf dieses beziehungsweise diese Unternehmen nicht als unabhängiger Vertreter im Sinne dieses Absatzes.

(7) Allein dadurch, dass eine in einem Vertragsstaat ansässige Gesellschaft eine Gesellschaft beherrscht oder von einer Gesellschaft beherrscht wird, die im anderen Vertragsstaat ansässig ist oder dort (entweder durch eine Betriebstätte oder auf andere Weise) ihre Geschäftstätigkeit ausübt, wird keine der beiden Gesellschaften zur Betriebstätte der anderen.

(8) ¹Eine Person oder ein Unternehmen ist im Sinne dieses Artikels mit einem Unternehmen eng verbunden, wenn allen maßgeblichen Tatsachen und Umständen zufolge die Person das Unternehmen oder das Unternehmen die Person beherrscht oder beide von denselben Personen oder Unternehmen beherrscht werden. ²In jedem Fall gilt eine Person oder ein Unternehmen als mit einem Unternehmen eng verbunden, wenn einer von beiden mittelbar oder unmittelbar mehr als 50 Prozent der Eigentumsrechte am anderen (oder bei einer Gesellschaft mehr als 50 Prozent der Gesamtstimmrechte und des Gesamtwerts der Anteile der Gesellschaft oder der Eigenkapitalrechte an der Gesellschaft) besitzt oder wenn eine weitere Person oder ein weiteres Unternehmen mittelbar oder unmittelbar mehr als 50 Prozent der Eigentumsrechte (oder bei einer Gesellschaft mehr als 50 Prozent der Gesamtstimmrechte und des Gesamtwerts der Anteile der Gesellschaft oder der Eigentumsrechte an der Gesellschaft) an der Person und dem Unternehmen oder an den beiden Unternehmen besitzt.

Abschnitt III. Besteuerung des Einkommens
Art. 6. Einkünfte aus unbeweglichem Vermögen. (1) Einkünfte, die eine in einem Vertragsstaat ansässige Person aus unbeweglichem Vermögen (einschließlich der Einkünfte aus land- und forstwirtschaftlichen Betrieben) bezieht, das im anderen Vertragsstaat liegt, können im anderen Staat besteuert werden.

(2) ¹Der Ausdruck „unbewegliches Vermögen" hat die Bedeutung, die ihm nach dem Recht des Vertragsstaats zukommt, in dem das Vermögen liegt. ²Der Aus-

druck umfasst in jedem Fall das Zubehör zum unbeweglichen Vermögen, das lebende und tote Inventar land- und forstwirtschaftlicher Betriebe, die Rechte, für die die Vorschriften des Privatrechts über Grundstücke gelten, Nutzungsrechte an unbeweglichem Vermögen sowie Rechte auf veränderliche oder feste Vergütungen für die Ausbeutung oder das Recht auf Ausbeutung von Mineralvorkommen, Quellen und anderen Bodenschätzen; Schiffe und Luftfahrzeuge gelten nicht als unbewegliches Vermögen.

(3) Absatz 1 gilt für die Einkünfte aus der unmittelbaren Nutzung, der Vermietung oder Verpachtung sowie jeder anderen Art der Nutzung unbeweglichen Vermögens.

(4) Die Absätze 1 und 3 gelten auch für Einkünfte aus unbeweglichem Vermögen eines Unternehmens.

Art. 7. Unternehmensgewinne (1) [1]Gewinne eines Unternehmens eines Vertragsstaates können nur in diesem Staat besteuert werden, es sei denn, das Unternehmen übt seine Geschäftstätigkeit im anderen Staat durch eine dort belegene Betriebstätte aus. [2]Übt das Unternehmen seine Geschäftstätigkeit auf diese Weise aus, so können die Gewinne, die der Betriebstätte nach Absatz 2 zuzurechnen sind, im anderen Staat besteuert werden.

(2) Bei der Anwendung dieses Artikels sowie von Artikel 23 A, 23 B sind die Gewinne, die der in Absatz 1 genannten Betriebstätte in jedem Vertragsstaat zuzurechnen sind, die Gewinne, die sie hätte erzielen können, insbesondere im Verkehr mit anderen Teilen des Unternehmens, dessen Betriebstätte sie ist, wenn sie als selbstständiges und unabhängiges Unternehmen eine gleiche oder ähnliche Geschäftstätigkeit unter gleichen oder ähnlichen Bedingungen ausgeübt hätte; dabei sind die vom Unternehmen durch die Betriebstätte und durch andere Unternehmensteile ausgeübten Funktionen, eingesetzten Wirtschaftsgüter und übernommenen Risiken zu berücksichtigen.

(3) [1]Ändert ein Vertragsstaat die einer Betriebstätte eines Unternehmens eines Vertragsstaates zuzurechnenden Gewinne in Übereinstimmung mit Absatz 2 und besteuert er dementsprechend Gewinne des Unternehmens, die bereits im anderen Staat besteuert worden sind, so nimmt der andere Staat eine entsprechende Änderung der von diesen Gewinnen erhobenen Steuer vor, soweit dies zur Beseitigung einer Doppelbesteuerung erforderlich ist. [2]Bei dieser Änderung werden die zuständigen Behörden der Vertragsstaaten einander erforderlichenfalls konsultieren.

(4) Gehören zu den Gewinnen Einkünfte, die in anderen Artikeln dieses Abkommens behandelt werden, so werden die Bestimmungen jener Artikel durch die Bestimmungen dieses Artikels nicht berührt.

Art. 8. Internationale Seeschifffahrt und Luftfahrt (1) Gewinne aus dem Betrieb von Seeschiffen oder Luftfahrzeugen im internationalen Verkehr können nur in dem Vertragsstaat besteuert werden, in dem sich der Ort der tatsächlichen Geschäftsleitung des Unternehmens befindet.

(2) Absatz 1 gilt auch für Gewinne aus der Beteiligung an einem Pool, einer Betriebsgemeinschaft oder einer internationalen Betriebsstelle.

Art. 9. Verbundene Unternehmen (1) Wenn

a) ein Unternehmen eines Vertragsstaats unmittelbar oder mittelbar an der Geschäftsleitung, der Kontrolle oder dem Kapital eines Unternehmens des anderen Vertragsstaats beteiligt ist, oder

b) dieselben Personen unmittelbar oder mittelbar an der Geschäftsleitung, der Kontrolle oder dem Kapital eines Unternehmens eines Vertragsstaats und eines Unternehmens des anderen Vertragsstaats beteiligt sind

und in diesen Fällen die beiden Unternehmen in ihren kaufmännischen oder finanziellen Beziehungen an vereinbarte oder auferlegte Bedingungen gebunden sind, die von denen abweichen, die unabhängige Unternehmen miteinander vereinbaren würden, so dürfen die Gewinne, die eines der Unternehmen ohne diese Bedingungen erzielt hätte, wegen dieser Bedingungen aber nicht erzielt hat, den Gewinnen dieses Unternehmens zugerechnet und entsprechend besteuert werden.

(2) [1]Werden in einem Vertragsstaat den Gewinnen eines Unternehmens dieses Staates Gewinne zugerechnet – und entsprechend besteuert –, mit denen ein Unternehmen des anderen Vertragsstaats in diesem Staat besteuert worden ist, und handelt es sich bei den zugerechneten Gewinnen um solche, die das Unternehmen des erstgenannten Staates erzielt hätte, wenn die zwischen den beiden Unternehmen vereinbarten Bedingungen die gleichen gewesen wären, die unabhängige Unternehmen miteinander vereinbaren würden, so nimmt der andere Staat eine entsprechende Änderung der dort von diesen Gewinnen erho-

benen Steuer vor. ²Bei dieser Änderung sind die übrigen Bestimmungen dieses Abkommens zu berücksichtigen; erforderlichenfalls werden die zuständigen Behörden der Vertragsstaaten einander konsultieren.

Art. 10. Dividenden (1) Dividenden, die eine in einem Vertragsstaat ansässige Gesellschaft an eine im anderen Vertragsstaat ansässige Person zahlt, können im anderen Staat besteuert werden.

(2) ¹Dividenden, die von einer in einem Vertragsstaat ansässigen Gesellschaft gezahlt werden, können jedoch auch von diesem Vertragsstaat nach dem Recht dieses Staates besteuert werden; die Steuer darf aber, wenn der Nutzungsberechtigte der Dividenden eine in dem anderen Vertragsstaat ansässige Person ist, nicht übersteigen:
a) 5 v.H. des Bruttobetrages der Dividenden, wenn der Nutzungsberechtigte eine Gesellschaft ist, die während eines Zeitraums von 365 Tagen einschließlich des Tages der Dividendenzahlung unmittelbar über mindestens 25 v.H. des Kapitals der die Dividenden zahlenden Gesellschaft verfügt (bei der Berechnung dieses Zeitraums bleiben Änderungen der Eigentumsverhältnisse unberücksichtigt, die sich unmittelbar aus einer Umstrukturierung, wie einer Fusion oder Spaltung, der die Anteile haltenden oder die Dividenden zahlenden Gesellschaft ergeben würden);
b) 15 v.H. des Bruttobetrags der Dividenden in allen anderen Fällen.
²Die zuständigen Behörden der Vertragsstaaten regeln in gegenseitigem Einvernehmen, wie diese Begrenzungsbestimmungen durchzuführen sind. ³Dieser Absatz berührt nicht die Besteuerung der Gesellschaft in Bezug auf die Gewinne, aus denen die Dividenden gezahlt werden.

(3) Der in diesem Artikel verwendete Ausdruck „Dividenden" bedeutet Einkünfte aus Aktien, Genussaktien oder Genussscheinen, Kuxen, Gründeranteilen oder anderen Rechten – ausgenommen Forderungen – mit Gewinnbeteiligung sowie aus sonstigen Gesellschaftsanteilen stammende Einkünfte, die nach dem Recht des Staates, in dem die ausschüttende Gesellschaft ansässig ist, den Einkünften aus Aktien steuerlich gleichgestellt sind.

(4) ¹Die Absätze 1 und 2 sind nicht anzuwenden, wenn der in einem Vertragsstaat ansässige Nutzungsberechtigte im anderen Vertragsstaat, in dem die die Dividenden zahlende Gesellschaft ansässig ist, eine Geschäftstätigkeit durch eine dort gelegene Betriebstätte ausübt und die Beteiligung, für die die Dividenden

gezahlt werden, tatsächlich zu dieser Betriebstätte gehört. ²In diesem Fall ist Artikel 7 anzuwenden.

(5) Bezieht eine in einem Vertragsstaat ansässige Gesellschaft Gewinne oder Einkünfte aus dem anderen Vertragsstaat, so darf dieser andere Staat weder die von der Gesellschaft gezahlten Dividenden besteuern, es sei denn, dass diese Dividenden an eine im anderen Staat ansässige Person gezahlt werden oder dass die Beteiligung, für die die Dividenden gezahlt werden, tatsächlich zu einer im anderen Staat gelegenen Betriebstätte gehört, noch Gewinne der Gesellschaft einer Steuer für nichtausgeschüttete Gewinne unterwerfen, selbst wenn die gezahlten Dividenden oder die nichtausgeschütteten Gewinne ganz oder teilweise aus im anderen Staat erzielten Gewinnen oder Einkünften bestehen.

Art. 11. Zinsen (1) Zinsen, die aus einem Vertragsstaat stammen und an eine im anderen Vertragsstaat ansässige Person gezahlt werden, können im anderen Staat besteuert werden.

(2) ¹Zinsen, die aus einem Vertragsstaat stammen, können jedoch auch in diesem Staat nach dem Recht dieses Staates besteuert werden; die Steuer darf aber, wenn der Nutzungsberechtigte der Zinsen eine in dem anderen Vertragsstaat ansässige Person ist, 10 v.H. des Bruttobetrags der Zinsen nicht übersteigen. ²Die zuständigen Behörden der Vertragsstaaten regeln in gegenseitigem Einvernehmen, wie diese Begrenzungsbestimmung durchzuführen ist.

(3) ¹Der in diesem Artikel verwendete Ausdruck „Zinsen" bedeutet Einkünfte aus Forderungen jeder Art, auch wenn die Forderungen durch Pfandrechte an Grundstücken gesichert oder mit einer Beteiligung am Gewinn des Schuldners ausgestattet sind, und insbesondere Einkünfte aus öffentlichen Anleihen und aus Obligationen einschließlich der damit verbundenen Aufgelder und der Gewinne aus Losanleihen. ²Zuschläge für verspätete Zahlung gelten nicht als Zinsen im Sinne dieses Artikels.

(4) ¹Die Absätze 1 und 2 sind nicht anzuwenden, wenn der in einem Vertragsstaat ansässige Nutzungsberechtigte im anderen Vertragsstaat, aus dem die Zinsen stammen, eine Geschäftstätigkeit durch eine dort gelegene Betriebstätte ausübt und die Forderung, für die die Zinsen gezahlt werden, tatsächlich zu dieser Betriebstätte gehört. ²In diesem Fall ist Artikel 7 anzuwenden.

(5) ¹Zinsen gelten dann als aus einem Vertragsstaat stammend, wenn der Schuldner eine in diesem Staat ansässige Person ist. ²Hat aber der Schuldner der Zinsen, ohne Rücksicht darauf, ob er in einem Vertragsstaat ansässig ist oder

nicht, in einem Vertragsstaat eine Betriebstätte und ist die Schuld, für die die Zinsen gezahlt werden, für Zwecke der Betriebstätte eingegangen worden und trägt die Betriebstätte die Zinsen, so gelten die Zinsen als aus dem Staat stammend, in dem die Betriebstätte liegt.

(6) [1]Bestehen zwischen dem Schuldner und dem Nutzungsberechtigten oder zwischen jedem von ihnen und einem Dritten besondere Beziehungen und übersteigen deshalb die Zinsen, gemessen an der zugrundeliegenden Forderung, den Betrag, den Schuldner und Nutzungsberechtigter ohne diese Beziehungen vereinbart hätten, so wird dieser Artikel nur auf den letzteren Betrag angewendet. [2]In diesem Fall kann der übersteigende Betrag nach dem Recht eines jeden Vertragsstaats und unter Berücksichtigung der anderen Bestimmungen dieses Abkommens besteuert werden.

Art. 12. Lizenzgebühren (1) Lizenzgebühren, die aus einem Vertragsstaat stammen und deren Nutzungsberechtigter eine im anderen Vertragsstaat ansässige Person ist, können nur im anderen Staat besteuert werden.

(2) Der in diesem Artikel verwendete Ausdruck „Lizenzgebühren" bedeutet Vergütungen jeder Art, die für die Benutzung oder für das Recht auf Benutzung von Urheberrechten an literarischen, künstlerischen oder wissenschaftlichen Werken, einschließlich kinematographischer Filme, von Patenten, Marken, Mustern oder Modellen, Plänen, geheimen Formeln oder Verfahren oder für die Mitteilung gewerblicher, kaufmännischer oder wissenschaftlicher Erfahrungen gezahlt werden.

(3) [1]Absatz 1 ist nicht anzuwenden, wenn der in einem Vertragsstaat ansässige Nutzungsberechtigte im anderen Vertragsstaat, aus dem die Lizenzgebühren stammen, eine Geschäftätigkeit durch eine dort gelegene Betriebstätte ausübt und die Rechte oder Vermögenswerte, für die die Lizenzgebühren gezahlt werden, tatsächlich zu dieser Betriebstätte gehören. [2]In diesem Fall ist Artikel 7 anzuwenden.

(4) [1]Bestehen zwischen dem Schuldner und dem Nutzungsberechtigten oder zwischen jedem von ihnen und einem Dritten besondere Beziehungen und übersteigen deshalb die Lizenzgebühren, gemessen an der zugrundeliegenden Leistung, den Betrag, den Schuldner und Nutzungsberechtigter ohne diese Beziehungen vereinbart hätten, so wird dieser Artikel nur auf den letzteren Betrag angewendet. [2]In diesem Fall kann der übersteigende Betrag nach dem Recht eines jeden Vertragsstaats und unter Berücksichtigung der anderen Bestimmungen dieses Abkommens besteuert werden.

Art. 13. Gewinne aus der Veräußerung von Vermögen (1) Gewinne, die eine in einem Vertragsstaat ansässige Person aus der Veräußerung unbeweglichen Vermögens im Sinne des Artikels 6 bezieht, das im anderen Vertragsstaat liegt, können im anderen Staat besteuert werden.

(2) Gewinne aus der Veräußerung beweglichen Vermögens, das Betriebsvermögen einer Betriebstätte ist, die ein Unternehmen eines Vertragsstaats im anderen Vertragsstaat hat, einschließlich derartiger Gewinne, die bei der Veräußerung einer solchen Betriebstätte (allein oder mit dem übrigen Unternehmen) erzielt werden, können im anderen Staat besteuert werden.

(3) Gewinne, die ein Unternehmen eines Vertragsstaates, welches Seeschiffe oder Luftfahrzeuge im internationalen Verkehr betreibt, aus der Veräußerung solcher Seeschiffe oder Luftfahrzeuge oder von beweglichem Vermögen, das dem Betrieb dieser Seeschiffe oder Luftfahrzeuge dient, bezieht, können nur in diesem Staat besteuert werden.

(4) Gewinne, die eine in einem Vertragsstaat ansässige Person aus der Veräußerung von Anteilen oder vergleichbaren Rechten, wie Rechten an einer Personengesellschaft oder einem Trust, bezieht, können im anderen Vertragsstaat besteuert werden, sofern der Wert dieser Anteile oder vergleichbaren Rechte zu irgendeinem Zeitpunkt während der der Veräußerung vorangehenden 365 Tage zu mehr als 50 v.H. unmittelbar oder mittelbar auf in diesem anderen Staat belegenem unbeweglichem Vermögen im Sinne des Art. 6 beruhte.

(5) Gewinne aus der Veräußerung des in den Absätzen 1, 2, 3 und 4 nicht genannten Vermögens können nur in dem Vertragsstaat besteuert werden, in dem der Veräußerer ansässig ist.

Art. 14. Selbständige Arbeit. *(aufgehoben)*

Art. 15. Einkünfte aus unselbständiger Arbeit (1) [1]Vorbehaltlich der Artikel 16, 18 und 19 können Gehälter, Löhne und ähnliche Vergütungen, die eine in einem Vertragsstaat ansässige Person aus unselbständiger Arbeit bezieht, nur in diesem Staat besteuert werden, es sei denn, die Arbeit wird im anderen Vertragsstaat ausgeübt. [2]Wird die Arbeit dort ausgeübt, so können die dafür bezogenen Vergütungen im anderen Staat besteuert werden.

(2) Ungeachtet des Absatzes 1 können Vergütungen, die eine in einem Vertragsstaat ansässige Person für eine im anderen Vertragsstaat ausgeübte unselbständige Arbeit bezieht, nur im erstgenannten Staat besteuert werden, wenn

a) der Empfänger sich im anderen Staat insgesamt nicht länger als 183 Tage innerhalb eines Zeitraums von zwölf Monaten, der während des betreffenden Steuerjahres beginnt oder endet, aufhält und

b) die Vergütungen von einem Arbeitgeber oder für einen Arbeitgeber gezahlt werden, der nicht im anderen Staat ansässig ist, und

c) die Vergütungen nicht von einer Betriebstätte getragen werden, die der Arbeitgeber im anderen Staat hat.

(3) Ungeachtet der vorstehenden Bestimmungen dieses Artikels können Vergütungen, die eine in einem Vertragsstaat ansässige Person für eine Beschäftigung als Mitglied der regulären Besatzung eines Schiffes oder Luftfahrzeugs an Bord eines Schiffes oder Luftfahrzeugs, das im internationalen Verkehr betrieben wird, mit Ausnahme eines Schiffes oder Luftfahrzeugs, das ausschließlich im anderen Vertragsstaat betrieben wird, bezieht, nur im erstgenannten Staat besteuert werden.

Art. 16. Aufsichtsrats- und Verwaltungsratsvergütungen Aufsichtsrats- und Verwaltungsratsvergütungen und ähnliche Zahlungen, die eine in einem Vertragsstaat ansässige Person in ihrer Eigenschaft als Mitglied des Aufsichts- oder Verwaltungsrats einer Gesellschaft bezieht, die im anderen Vertragsstaat ansässig ist, können im anderen Staat besteuert werden.

Art. 17. Künstler und Sportler (1) Ungeachtet des Artikels *15* können Einkünfte, die eine in einem Vertragsstaat ansässige Person als Künstler, wie Bühnen-, Film-, Rundfunk- und Fernseh*(unterhaltungs)*künstler sowie Musiker, oder als Sportler aus ihrer im anderen Vertragsstaat persönlich ausgeübten Tätigkeit bezieht, im anderen Staat besteuert werden.

(2) Fließen Einkünfte aus einer von einem *(Unterhaltungs-)Künstler* oder Sportler in dieser Eigenschaft persönlich ausgeübten Tätigkeit nicht dem Künstler oder Sportler selbst, sondern einer anderen Person zu, so können diese Einkünfte ungeachtet des Artikels *15* in dem Vertragsstaat besteuert werden, in dem der *(Unterhaltungs-)Künstler* oder Sportler seine Tätigkeit ausübt.

Art. 18. Ruhegehälter Vorbehaltlich des Artikels 19 Absatz 2 können Ruhegehälter und ähnliche Vergütungen, die einer in einem Vertragsstaat ansässigen Person für frühere unselbständige Arbeit gezahlt werden, nur in diesem Staat besteuert werden.

Art. 19. Öffentlicher Dienst

(1) a) Gehälter, Löhne und ähnliche Vergütungen, ausgenommen Ruhegehälter, die von einem Vertragsstaat oder einer seiner Gebietskörperschaften an eine natürliche Person für die diesem Staat oder der Gebietskörperschaft geleisteten Dienste gezahlt werden, können nur in diesem Staat besteuert werden.
b) Diese Gehälter, Löhne und ähnlichen Vergütungen können jedoch nur im anderen Vertragsstaat besteuert werden, wenn die Dienste in diesem Staat geleistet werden und die natürliche Person in diesem Staat ansässig ist und
  i) ein Staatsangehöriger dieses Staates ist oder
  ii) nicht ausschließlich deshalb in diesem Staat ansässig geworden ist, um die Dienste zu leisten.
(2) a) Ungeachtet des Absatzes 1 können Ruhegehälter oder ähnliche Vergütungen, die von einem Vertragsstaat oder einer seiner Gebietskörperschaften oder aus einem von diesem Staat oder der Gebietskörperschaft errichteten Sondervermögen an eine natürliche Person für die diesem Staat oder der Gebietskörperschaft geleisteten Dienste gezahlt werden, nur in diesem Staat besteuert werden.
b) Diese Ruhegehälter oder ähnlichen Vergütungen können jedoch nur im anderen Vertragsstaat besteuert werden, wenn die natürliche Person in diesem Staat ansässig ist und ein Staatsangehöriger dieses Staates ist.
(3) Auf Gehälter, Löhne, Ruhegehälter und ähnliche Vergütungen für Dienstleistungen, die im Zusammenhang mit einer Geschäftstätigkeit eines Vertragsstaats oder einer seiner Gebietskörperschaften erbracht werden, sind die Artikel 15, 16, 17 oder 18 anzuwenden.

Art. 20. Studenten Zahlungen, die ein Student, Praktikant oder Lehrling, der sich in einem Vertragsstaat ausschließlich zum Studium oder zur Ausbildung aufhält und der im anderen Vertragsstaat ansässig ist oder dort unmittelbar vor der Einreise in den erstgenannten Staat ansässig war, für seinen Unterhalt, sein Studium oder seine Ausbildung erhält, dürfen im erstgenannten Staat nicht besteuert werden, sofern diese Zahlungen aus Quellen außerhalb dieses Staates stammen.

Art. 21. Andere Einkünfte (1) Einkünfte einer in einem Vertragsstaat ansässigen Person, die in den vorstehenden Artikeln nicht behandelt wurden, können ohne Rücksicht auf ihre Herkunft nur in diesem Staat besteuert werden.

10 Anhang: OECD-Musterabkommen

(2) ¹Absatz 1 ist auf andere Einkünfte als solche aus unbeweglichem Vermögen im Sinne des Artikels 6 Absatz 2 nicht anzuwenden, wenn der in einem Vertragsstaat ansässige Empfänger im anderen Vertragsstaat eine Geschäftstätigkeit durch eine dort gelegene Betriebstätte ausübt und die Rechte oder Vermögenswerte, für die die Einkünfte gezahlt werden, tatsächlich zu dieser Betriebstätte gehören. ²In diesem Fall ist Artikel 7 anzuwenden.

Abschnitt IV. Besteuerung des Vermögens
Art. 22. Vermögen. (1) Unbewegliches Vermögen im Sinne des Artikels 6, das einer in einem Vertragsstaat ansässigen Person gehört und im anderen Vertragsstaat liegt, kann im anderen Staat besteuert werden.

(2) Bewegliches Vermögen, das Betriebsvermögen einer Betriebstätte ist, die ein Unternehmen eines Vertragsstaates im anderen Vertragsstaat hat, kann im anderen Staat besteuert werden.

(3) Seeschiffe oder Luftfahrzeuge, die von einem Unternehmen eines Vertragsstaates im internationalen Verkehr betrieben werden, oder bewegliches Vermögen, das dem Betrieb dieser Seeschiffe oder Luftfahrzeuge dient, können nur in diesem Staat besteuert werden.

(4) Alle anderen Vermögensteile einer in einem Vertragsstaat ansässigen Person können nur in diesem Staat besteuert werden.

Abschnitt V. Methoden zur Vermeidung der Doppelbesteuerung
Art. 23A. Befreiungsmethode. (1) Bezieht eine in einem Vertragsstaat ansässige Person Einkünfte oder hat sie Vermögen, die in dem anderen Vertragsstaat nach diesem Abkommen besteuert werden können (es sei denn, die Bestimmungen dieses Abkommens ermöglichen dem anderen Staat eine Besteuerung nur deshalb, weil die Einkünfte als Einkünfte einer dort ansässigen Person erzielt werden oder weil das Vermögen auch Vermögen einer dort ansässigen Person ist), so nimmt der erstgenannte Staat vorbehaltlich der Absätze 2 und 3 diese Einkünfte oder dieses Vermögen von der Besteuerung aus.

(2) ¹Erzielt eine in einem Vertragsstaat ansässige Person Einkünfte, die in dem anderen Vertragsstaat nach den Artikeln 10 und 11 besteuert werden können (es sei denn, die Bestimmungen dieses Abkommens ermöglichen dem ande-

ren Staat eine Besteuerung nur deshalb, weil die Einkünfte als Einkünfte einer dort ansässigen Person erzielt werden), so rechnet der erstgenannte Staat auf die vom Einkommen dieser Person zu erhebenden Steuer den Betrag an, der der im anderen Staat gezahlten Steuer entspricht. ²Der anzurechnende Betrag darf jedoch den Teil der von der Anrechnung ermittelten Steuer nicht übersteigen, der auf die aus dem anderen Staat bezogenen Einkünfte entfällt.

(3) Einkünfte oder Vermögen einer in einem Vertragsstaat ansässigen Person, die nach dem Abkommen von der Besteuerung in diesem Staat auszunehmen sind, können gleichwohl in diesem Staat bei der Festsetzung der Steuer für das übrige Einkommen oder Vermögen der Person einbezogen werden.

(4) Absatz 1 gilt nicht für Einkünfte oder Vermögen einer in einem Vertragsstaat ansässigen Person, wenn der andere Vertragsstaat dieses Abkommen so anwendet, dass er diese Einkünfte oder dieses Vermögen von der Besteuerung ausnimmt oder Absatz 2 des Artikels 10 oder des Artikels 11 auf diese Einkünfte anwendet.

Art. 23B. Anrechnungsmethode (1) ¹Bezieht eine in einem Vertragsstaat ansässige Person Einkünfte oder hat sie Vermögen und können diese Einkünfte oder dieses Vermögen nach diesem Abkommen im anderen Vertragsstaat besteuert werden, so rechnet der erstgenannte Staat

a) auf die vom Einkommen dieser Person zu erhebende Steuer den Betrag an, der der im anderen Staat gezahlten Steuer vom Einkommen entspricht;
b) auf die vom Vermögen dieser Person zu erhebende Steuer den Betrag an, der der in dem anderen Vertragsstaat gezahlten Steuer vom Vermögen entspricht.

²Der anzurechnende Betrag darf jedoch in beiden Fällen den Teil der vor der Anrechnung ermittelten Steuer vom Einkommen oder vom Vermögen nicht übersteigen, der auf die Einkünfte, die im anderen Staat besteuert werden können oder auf das Vermögen, das dort besteuert werden kann, entfällt.

(2) Einkünfte oder Vermögen einer in einem Vertragsstaat ansässigen Person, die nach dem Abkommen von der Besteuerung in diesem Staat auszunehmen sind, können gleichwohl in diesem Staat bei der Festsetzung der Steuer für das übrige Einkommen oder Vermögen der Person einbezogen werden.

10 Anhang: OECD-Musterabkommen

Abschnitt VI. Besondere Bestimmungen
Art. 24. Gleichbehandlung. (1) ¹Staatsangehörige eines Vertragsstaats dürfen im anderen Vertragsstaat keiner Besteuerung oder damit zusammenhängenden Verpflichtung unterworfen werden, die anders oder belastender ist als die Besteuerung und die damit zusammenhängenden Verpflichtungen, denen Staatsangehörige des anderen Staates unter gleichen Verhältnissen, insbesondere hinsichtlich der Ansässigkeit, unterworfen sind oder unterworfen werden können. ²Diese Bestimmung gilt ungeachtet des Artikels 1 auch für Personen, die in keinem Vertragsstaat ansässig sind.

(2) Staatenlose, die in einem Vertragsstaat ansässig sind, dürfen in keinem Vertragsstaat einer Besteuerung oder damit zusammenhängenden Verpflichtung unterworfen werden, die anders oder belastender ist als die Besteuerung und die damit zusammenhängenden Verpflichtungen, denen Staatsangehörige des betreffenden Staates unter gleichen Verhältnissen, insbesondere hinsichtlich der Ansässigkeit, unterworfen sind oder unterworfen werden können.

(3) ¹Die Besteuerung einer Betriebstätte, die ein Unternehmen eines Vertragsstaats im anderen Vertragsstaat hat, darf in dem anderen Staat nicht ungünstiger sein als die Besteuerung von Unternehmen des anderen Staates, die die gleiche Tätigkeit ausüben. ²Diese Bestimmung ist nicht so auszulegen, als verpflichte sie einen Vertragsstaat, den in dem anderen Vertragsstaat ansässigen Personen Steuerfreibeträge, -vergünstigungen und -ermäßigungen auf Grund des Personenstandes oder der Familienlasten zu gewähren, die er seinen ansässigen Personen gewährt.

(4) ¹Sofern nicht Artikel 9 Absatz 1, Artikel 11 Absatz 6 oder Artikel 12 Absatz 4 anzuwenden ist, sind Zinsen, Lizenzgebühren und andere Entgelte, die ein Unternehmen eines Vertragsstaats an eine im anderen Vertragsstaat ansässige Person zahlt, bei der Ermittlung der steuerpflichtigen Gewinne dieses Unternehmens unter den gleichen Bedingungen wie Zahlungen an eine im erstgenannten Staat ansässige Person zum Abzug zuzulassen. ²Dementsprechend sind Schulden, die ein Unternehmen eines Vertragsstaats gegenüber einer im anderen Vertragsstaat ansässigen Person hat, bei der Ermittlung des steuerpflichtigen Vermögens dieses Unternehmens unter den gleichen Bedingungen wie Schulden gegenüber einer im erstgenannten Staat ansässigen Person zum Abzug zuzulassen.

(5) Unternehmen eines Vertragsstaats, deren Kapital ganz oder teilweise unmittelbar oder mittelbar einer im anderen Vertragsstaat ansässigen Person oder mehreren solchen Personen gehört oder ihrer Kontrolle unterliegt, dürfen im erstgenannten Staat keiner Besteuerung oder damit zusammenhängenden Verpflichtung unterworfen werden, die anders oder belastender ist als die Besteuerung und die damit zusammenhängenden Verpflichtungen, denen andere ähnliche Unternehmen des erstgenannten Staates unterworfen sind oder unterworfen werden können.

(6) Dieser Artikel gilt ungeachtet des Artikels 2 für Steuern jeder Art und Bezeichnung.

Art. 25. Verständigungsverfahren (1) [1]Ist eine Person der Auffassung, dass Maßnahmen eines Vertragsstaats oder beider Vertragsstaaten für sie zu einer Besteuerung führen oder führen werden, die diesem Abkommen nicht entspricht, so kann sie unbeschadet der nach dem innerstaatlichen Recht dieser Staaten vorgesehenen Rechtsmittel ihren Fall der zuständigen Behörde des Vertragsstaats, in dem sie ansässig ist, oder, sofern ihr Fall von Artikel 24 Absatz 1 erfasst wird, der zuständigen Behörde des Vertragsstaats unterbreiten, dessen Staatsangehöriger sie ist. [2]Der Fall muss innerhalb von drei Jahren nach der ersten Mitteilung der Maßnahme unterbreitet werden, die zu einer dem Abkommen nicht entsprechenden Besteuerung führt.

(2) [1]Hält die zuständige Behörde die Einwendung für begründet und ist sie selbst nicht in der Lage, eine befriedigende Lösung herbeizuführen, so wird sie sich bemühen, den Fall durch Verständigung mit der zuständigen Behörde des anderen Vertragsstaats so zu regeln, dass eine dem Abkommen nicht entsprechende Besteuerung vermieden wird. [2]Die Verständigungsregelung ist ungeachtet der Fristen des innerstaatlichen Rechts der Vertragsstaaten durchzuführen.

(3) [1]Die zuständigen Behörden der Vertragsstaaten werden sich bemühen, Schwierigkeiten oder Zweifel, die bei der Auslegung oder Anwendung des Abkommens entstehen, in gegenseitigem Einvernehmen zu beseitigen. [2]Sie können auch gemeinsam darüber beraten, wie eine Doppelbesteuerung in Fällen vermieden werden kann, die im Abkommen nicht behandelt sind.

(4) Die zuständigen Behörden der Vertragsstaaten können zur Herbeiführung einer Einigung im Sinne der vorstehenden Absätze unmittelbar miteinander verkehren, gegebenenfalls auch durch eine aus ihnen oder ihren Vertretern bestehende gemeinsame Kommission.

10 Anhang: OECD-Musterabkommen

(5) ¹Wenn
a) eine Person nach Absatz 1 der zuständigen Behörde eines Vertragsstaats einen Fall mit der Begründung unterbreitet hat, dass Maßnahmen eines Vertragsstaats oder beider Vertragsstaaten für sie zu einer Besteuerung geführt hat, die diesem Abkommen nicht entspricht, und
b) die zuständigen Behörden nicht in der Lage sind, sich gemäß Absatz 2 über die Lösung des Falles innerhalb von 2 Jahren seit der Unterbreitung des Falles an die zuständige Behörde des anderen Vertragsstaats zu einigen,

werden alle ungelösten Fragen des Falles auf Antrag der Person einem Schiedsverfahren unterworfen. ²Diese ungelösten Fragen werden aber nicht dem Schiedsverfahren unterworfen, wenn zu ihnen bereits eine Gerichtsentscheidung in einem der Staaten ergangen ist. ³Sofern nicht eine Person, die unmittelbar von dem Fall betroffen ist, die Verständigungsvereinbarung, durch die der Schiedsspruch umgesetzt wird, ablehnt, ist der Schiedsspruch für beide Staaten verbindlich und ungeachtet der Fristen des innerstaatlichen Rechts dieser Staaten durchzuführen. ⁴Die zuständigen Behörden dieser Vertragsstaaten regeln in gegenseitigem Einvernehmen die Anwendung dieses Absatzes.

Art. 26. Informationsaustausch (1) ¹Die zuständigen Behörden der Vertragsstaaten tauschen die Informationen aus, die zur Durchführung dieses Abkommens oder zur Verwaltung oder Anwendung des innerstaatlichen Rechts betreffend Steuern jeder Art und Bezeichnung, die für Rechnung der Vertragsstaaten oder ihrer Gebietskörperschaften erhoben werden, voraussichtlich erheblich sind, soweit die diesem Recht entsprechende Besteuerung nicht dem Abkommen widerspricht. ²Der Informationsaustausch ist durch Artikel 1 und 2 nicht eingeschränkt.

(2) ¹Alle Informationen, die ein Vertragsstaat nach Absatz 1 erhalten hat, sind ebenso geheim zu halten wie die auf Grund des innerstaatlichen Rechts dieses Staates beschafften Informationen und dürfen nur den Personen und Behörden (einschließlich der Gerichte und der Verwaltungsbehörden) zugänglich gemacht werden, die mit der Veranlagung oder Erhebung, der Vollstreckung oder Strafverfolgung oder mit der Entscheidung von Rechtsmitteln hinsichtlich der in Absatz 1 genannten Steuern oder mit der Aufsicht über diese Personen oder Behörden befasst sind. ²Diese Personen oder Behörden dürfen die Informationen nur für diese Zwecke verwenden. ³Sie dürfen die Informationen in einem öffentlichen Gerichtsverfahren oder in einer Gerichtsentscheidung offen legen. ⁴Ungeachtet des Vorstehenden können Informationen, die ein Vertragsstaat er-

halten hat, für andere Zwecke genutzt werden, wenn diese Informationen für diese anderen Zwecke nach dem Recht beider Staaten genutzt werden können und die zuständige Behörde des informierenden Staates mit dieser Verwendung einverstanden ist.

(3) Die Absätze 1 und 2 sind nicht so auszulegen, als verpflichteten sie einen Vertragsstaat,
   a) Verwaltungsmaßnahmen durchzuführen, die von den Gesetzen und der Verwaltungspraxis dieses oder des anderen Vertragsstaats abweichen;
   b) Informationen zu erteilen, die nach den Gesetzen oder im üblichen Verwaltungsverfahren dieses oder des anderen Vertragsstaats nicht beschafft werden können;
   c) Informationen zu erteilen, die ein Handels-, Industrie-, Gewerbe- oder Berufsgeheimnis oder ein Geschäftsverfahren preisgeben würden oder deren Erteilung der öffentlichen Ordnung widerspräche.

(4) [1]Wenn ein Vertragsstaat in Übereinstimmung mit diesem Artikel um Erteilung von Informationen ersucht, wendet der andere Vertragsstaat zur Beschaffung der Informationen seine innerstaatlichen Ermittlungsbefugnisse an, auch wenn er die Informationen nicht für seine eigenen Steuerzwecke benötigt. [2]Die Verpflichtung unterliegt den Beschränkungen des Absatzes 3; diese sind aber nicht so auszulegen, als erlaubten sie einem Vertragsstaat, die Erteilung der Informationen abzulehnen, nur weil er kein eigenes Interesse an ihnen hat.

(5) Absatz 3 ist nicht so auszulegen, als erlaube er einem Vertragsstaat, die Erteilung von Informationen abzulehnen, nur weil sie sich im Besitz einer Bank, einer anderen Finanzinstitution, eines Beauftragten, Bevollmächtigten oder Treuhänders befinden oder weil sie sich auf Beteiligungen an einer Person beziehen.

Art. 27. Amtshilfe bei der Erhebung von Steuern (1) [1]Die Vertragsstaaten leisten sich gegenseitige Amtshilfe bei der Erhebung von Steueransprüchen. [2]Diese Amtshilfe ist durch Artikel 1 und 2 nicht eingeschränkt. [3]Die zuständigen Behörden der Vertragsstaaten können in gegenseitigem Einvernehmen regeln, wie dieser Artikel durchzuführen ist.

(2) Der in diesem Artikel verwendete Ausdruck „Steueranspruch" bedeutet einen Betrag, der auf Grund von Steuern jeder Art und Bezeichnung, die für Rechnung der Vertragsstaaten oder einer ihrer Gebietskörperschaften erhoben werden, geschuldet wird, soweit die Besteuerung diesem Abkommen oder anderen

völkerrechtlichen Übereinkünften, denen die Vertragsstaaten beigetreten sind, nicht widerspricht, sowie mit diesem Betrag zusammenhängende Zinsen, Geldbußen und Kosten der Erhebung oder Sicherung.

(3) [1]Ist der Steueranspruch eines Vertragsstaats nach dem Recht dieses Staates vollstreckbar und wird er von einer Person geschuldet, die zu diesem Zeitpunkt nach dem Recht dieses Staates die Erhebung nicht verhindern kann, wird dieser Steueranspruch auf Ersuchen der zuständigen Behörde dieses Staates für die Zwecke der Erhebung von der zuständigen Behörde des anderen Vertragsstaats anerkannt. [2]Der Steueranspruch wird vom anderen Staat nach dessen Rechtsvorschriften über die Vollstreckung und Erhebung seiner eigenen Steuern erhoben, als handele es sich bei dem Steueranspruch um einen Steueranspruch des anderen Staates.

(4) [1]Handelt es sich bei dem Steueranspruch eines Vertragsstaats um einen Anspruch, bei dem dieser Staat nach seinem Recht Maßnahmen zur Sicherung der Erhebung einleiten kann, wird dieser Steueranspruch auf Ersuchen der zuständigen Behörde dieses Staates zum Zwecke der Einleitung von Sicherungsmaßnahmen von der zuständigen Behörde des anderen Vertragsstaats anerkannt. [2]Der andere Staat leitet nach seinen Rechtsvorschriften Sicherungsmaßnahmen in Bezug auf diesen Steueranspruch ein, als wäre der Steueranspruch ein Steueranspruch dieses anderen Staates, selbst wenn der Steueranspruch im Zeitpunkt der Einleitung dieser Maßnahmen im erstgenannten Staat nicht vollstreckbar ist oder von einer Person geschuldet wird, die berechtigt ist, die Erhebung zu verhindern.

(5) [1]Ungeachtet der Absätze 3 und 4 unterliegt ein von einem Vertragsstaat für Zwecke der Absätze 3 oder 4 anerkannter Steueranspruch als solcher in diesem Staat nicht den Verjährungsfristen oder den Vorschriften über die vorrangige Behandlung eines Steueranspruchs nach dem Recht dieses Staates. [2]Ferner hat ein Steueranspruch, der von einem Vertragsstaat für Zwecke der Absätze 3 oder 4 anerkannt wurde, in diesem Staat nicht den Vorrang, den dieser Steueranspruch nach dem Recht des anderen Vertragsstaats hat.

(6) Verfahren im Zusammenhang mit dem Bestehen, der Gültigkeit oder der Höhe des Steueranspruchs eines Vertragsstaats können nicht bei den Gerichten oder Verwaltungsbehörden des anderen Vertragsstaats eingeleitet werden.

(7) Verliert der betreffende Steueranspruch, nachdem das Ersuchen eines Vertragsstaats nach den Absätzen 3 oder 4 gestellt wurde und bevor der andere Vertragsstaat den betreffenden Steueranspruch erhoben und an den erstgenannten Staat ausgezahlt hat,

a) im Falle eines Ersuchens nach Absatz 3 seine Eigenschaft als Steueranspruch des erstgenannten Staates, der nach dem Recht dieses Staates vollstreckbar ist und von einer Person geschuldet wird, die zu diesem Zeitpunkt nach dem Recht dieses Staates die Erhebung nicht verhindern kann, oder

b) im Falle eines Ersuchens nach Absatz 4 seine Eigenschaft als Steueranspruch des erstgenannten Staates, für den dieser Staat nach seinem Recht Maßnahmen zur Sicherung der Erhebung einleiten kann,

teilt die zuständige Behörde des erstgenannten Staates dies der zuständigen Behörde des anderen Staates unverzüglich mit, und nach Wahl des anderen Staates setzt der erstgenannte Staat das Ersuchen entweder aus oder nimmt es zurück.

(8) Dieser Artikel ist nicht so auszulegen, als verpflichte er einen Vertragsstaat,

a) Verwaltungsmaßnahmen durchzuführen, die von den Gesetzen und der Verwaltungspraxis dieses oder des anderen Vertragsstaats abweichen;

b) Maßnahmen durchzuführen, die der öffentlichen Ordnung widersprächen;

c) Amtshilfe zu leisten, wenn der andere Vertragsstaat nicht alle angemessenen Maßnahmen zur Erhebung oder Sicherung, die nach seinen Gesetzen oder seiner Verwaltungspraxis möglich sind, ausgeschöpft hat;

d) Amtshilfe in Fällen zu leisten, in denen der Verwaltungsaufwand für diesen Staat in einem eindeutigen Missverhältnis zu dem Nutzen steht, den der andere Vertragsstaat dadurch erlangt.

Art. 28. Mitglieder diplomatischer Missionen und konsularischer Vertretungen Dieses Abkommen berührt nicht die steuerlichen Vorrechte, die den Mitgliedern diplomatischer Missionen und konsularischer Vertretungen nach den allgemeinen Regeln des Völkerrechts oder auf Grund besonderer Übereinkünfte zustehen.

Art. 29. Ausdehnung des räumlichen Geltungsbereichs (1) [1]Dieses Abkommen kann entweder als Ganzes oder mit den erforderlichen Änderungen *[auf jeden Teil des Hoheitsgebiets (des Staates A) oder (des Staates B), der ausdrücklich von der Anwendung des Abkommens ausgeschlossen ist, oder]* auf jeden anderen Staat oder jedes andere Hoheitsgebiet ausgedehnt werden, dessen internationale Beziehungen von (Staat A) oder (Staat B) wahrgenommen werden und in dem Steuern erhoben werden, die im Wesentlichen den Steuern ähnlich sind, für die das Abkommen gilt.

²Eine solche Erstreckung wird von dem Zeitpunkt an und mit den Änderungen und Bedingungen, einschließlich der Bedingungen für die Beendigung, wirksam, die zwischen den Vertragsstaaten durch auf diplomatischem Weg auszutauschende Noten oder auf andere, den Verfassungen dieser Staaten entsprechende Weise vereinbart werden.

(2) Haben die beiden Vertragsstaaten nichts anderes vereinbart, so wird mit der Kündigung durch einen Vertragsstaat nach Artikel 30 die Anwendung des Abkommens in der in jenem Artikel vorgesehenen Weise auch *[für jeden Teil des Hoheitsgebiets (des Staates A) oder (des Staates B) oder]* für Staaten oder Hoheitsgebiete beendet, auf die das Abkommen nach diesem Artikel ausgedehnt worden ist.

Abschnitt VII. Schlussbestimmungen
Art. 30. Inkrafttreten. (1) Dieses Abkommen bedarf der Ratifikation; die Ratifikationsurkunden werden so bald wie möglich in A ausgetauscht.

(2) Das Abkommen tritt mit dem Austausch der Ratifikationsurkunden in Kraft, und seine Bestimmungen finden Anwendung
a) (in Staat A): ...
b) (in Staat B): ...

Art. 31. Kündigung ¹Dieses Abkommen bleibt in Kraft, solange es nicht von einem Vertragsstaat gekündigt wird. ²Jeder Vertragsstaat kann nach dem Jahr A das Abkommen auf diplomatischem Weg unter Einhaltung einer Frist von mindestens sechs Monaten zum Ende eines Kalenderjahres kündigen. ³In diesem Fall findet das Abkommen nicht mehr Anwendung

a) (in Staat A): ...
b) (in Staat B): ...

Schlussklausel
Anmerkung: Die Schlussklausel über die Unterzeichnung richtet sich nach den verfassungsrechtlichen Verfahren der beiden Vertragsstaaten.

Literatur

2. Steuerpflicht in Deutschland

Brandis/Heuermann, Ertragsteuerrecht, Stand Dezember 2021 (160.EL), C.H. Beck
Klein, Kommentar zur Abgabenordnung, 15. Auflage, C.H. Beck
Schmidt, Kommentar zum Einkommensteuersetz, 40. Auflage 2021, C.H. Beck
Wilke Weber, Lehrbuch Internationales Steuerrecht, 15. Auflage, NWB-Verlag

3. Steuerpflicht im Ausland

Siehe Literaturverzeichnis Kapitel 9

4. Doppelbesteuerungsabkommen

Debatin Wassermeyer, Kommentar zu den Doppelbesteuerungsabkommen, Loseblatt, C.H. Beck
EU-Liste nicht kooperativer Länder und Gebiete – Consilium (europa.eu), https://www.consilium.europa.eu/de/policies/eu-list-of-non-cooperative-jurisdictions/
Fiebelkorn/Dotou, Workation und Homeoffice im Ausland: Was Arbeitgeber wissen müssen, https://www.haufe.de/personal/entgelt/homeoffice-im-ausland-was-arbeitgeber-wissen-muessen_78_536748.html
Heinrich/Lüneburg, Home-Office im Ausland als Betriebsstätte?, https://rsw.beck.de/cms/?toc=BC.509&docid=436131

Knaup, Homeoffice im Ausland – alles (gar nicht) so einfach?, https://www.wiwo.de/erfolg/homeoffice/arbeiten-wo-andere-urlaub-machen-homeoffice-im-ausland-alles-gar-nicht-so-einfach/27499934.html
OECD, Kommentar zum OECD Musterabkommen, https://doi.org/10.1787/mtc_cond-2017-en
OECD, Updated Guidance on tax treaties and the impact of COVID-19, https://www.oecd.org/tax/treaties/guidance-tax-treaties-and-the-impact-of-the-covid-19-crisis.htm
Ruh, Homeoffice-Betriebsstätte im Ansässigkeitsstaat des Arbeitnehmers, https://www.haufe.de/steuern/kanzlei-co/homeoffice-betriebsstaette-im-ansaessigkeitsstaat-des-arbeitnehmers_170_545256.html
Ritzkat, Selbstständige Arbeit (DBA), NWB InfoCenter vom 04.04.2019
Schuster/Verleger, Wenn das Home zum Office wird – Bedingt jede Tätigkeit im Homeoffice eine Betriebsstätte im abkommensrechtlichen Sinn?, https://www.nwb.de/internationales-steuerrecht/homeoffice-abkommensrechtliche-betriebsstaette-22012021
Vogel/Lehner, Kommentar zum DBA, 6. Auflage, C.H. Beck
Wilke/Weber, Lehrbuch Internationales Steuerrecht, 15. Auflage, NWB-Verlag

5. Ohne Doppelbesteuerungsabkommen

Debatin/Wassermeyer, Kommentar zu den Doppelbesteuerungsabkommen, Loseblatt, C.H. Beck
Vogel/Lehner, Kommentar zum DBA, 6. Auflage, C.H. Beck
Wilke/Weber, Lehrbuch Internationales Steuerrecht, 15. Auflage, NWB-Verlag

6. Zusammenfassung

Verwendet wurde hier die Literatur aus den Kapiteln 2–5.

7. Sozialversicherung

Deutsche Rentenversicherung, Übersicht Sozialversicherungsabkommen und Broschüren, https://www.deutsche-rentenversicherung.de/DRV/DE/Rente/Ausland/Sozialversicherungsabkommen/sozialversicherungsabkommen_detailseite.html
EU-Verordnung 883/2004, https://eur-lex.europa.eu/legal-content/EN/TXT/?uri=CELEX%3A32004R0883&qid=1648114030413
EUVerordnung 987/2009, https://www.eumonitor.eu/9353000/1/j9vvik7m1c3gyxp/vialzs8ct1yc
GKV-Spitzenverband vom 17.03.2020, Rundschreiben, https://www.aok.de/fk/fileadmin/user_upload/sv/rundschreiben/2020/rds-20200317-coronavirus-svrecht.pdf
GKV Spitzenverband vom 18.03.2020 (Entsendung), https://www.informationsportal.de/sv-bibliothek/versicherung-und-beitragsrecht/gemeinsame-dokumente-der-sozialversicherung/entsendung/

Literatur 153

Haufe, Entsendung/Sozialversicherung, https://www.haufe.de/personal/haufe-personal-officeplatin/entsendung-sozialversicherung_idesk_PI42323_HI1058007.html
Linklaters: Global Mobility – Was ist rechtlich beim Home Office aus dem Ausland zu beachten? https://linklaters.de/de-de/insights/publikationen/publikationen/2021/april/global-mobility
Rühland, Sandra: The beach is my office: Homeoffice im EU-Ausland, https://ig-zeitarbeit.de/blogeintrag/beach-my-office-homeoffice-im-eu-ausland
TPA Gruppe, Übersicht zu Entsendungen, https://www.tpa-group.com/wp-content/uploads/sites/5/2012/05/TPA_Entsendung_2017_Expatriate.pdf

8. Dokumentationstipps

Verwendet wurde hier die Literatur aus den Kapiteln 2–5 sowie 7.

9. Länderübersicht

Bundesministerium der Finanzen, Doppelbesteuerungsabkommen Deutschlands, https://www.bundesfinanzministerium.de/Web/DE/Themen/Steuern/Internationales_Steuerrecht/Staatenbezogene_Informationen/staatenbezogene_info.html
Bundesministerium für Finanzen, Steuerliche Behandlung des Arbeitslohns nach den Doppelbesteuerungsabkommen, https://www.bundesfinanzministerium.de/Content/DE/Downloads/BMF_Schreiben/Internationales_Steuerrecht/Allgemeine_Informationen/2018-05-03-steuerliche-behandlung-arbeitslohn-doppelbesteuerungsabkommen.pdf?__blob=publicationFile&v=2
EY, Worldwide Personal Tax and Immigration Guide 2021–22, https://www.ey.com/en_gl/tax-guides/worldwide-personal-tax-and-immigration-guide
KPMG, International Working from Home Report, https://assets.kpmg/content/dam/kpmg/ch/pdf/international-working-from-home-report-2021.pdf
OECD, Updated Guidance on tax treaties and the impact of COVID-19, https://www.oecd.org/tax/treaties/guidance-tax-treaties-and-the-impact-of-the-covid-19-crisis.htm
PricewaterhouseCoopers, Worldwide Tax Summaries Online, https://taxsummaries.pwc.com/

Zusätzliche Quellen nach Land

Australien: Australian Taxation Office, Working out your residency (bezüglich Homeoffice), https://www.ato.gov.au/business/international-tax-for-business/working-out-your-residency/
China: Lu, A look at China's COVID-19 guidance on permanent establishment and tax residence, https://www.internationaltaxreview.com/article/b1nl4jcq8r4dq9/a-look-at-chinas-covid-19-guidance-on-permanent-establishment-and-tax-residence

Dänmark: Orbitax, Denmark Issues Binding Answer on Working from Home Leading to a Permanent Establishment, https://www.orbitax.com/news/archive.php/Denmark-Issues-Binding-Answer%2D%2D44610

Griechenland: EY, Greece issues updated guidance on application of tax residency and permanent establishment rules during COVID-19 outbreak, https://www.ey.com/en_gl/tax-alerts/greece-issues-updated-guidance-on-application-of-tax-residency-and-permanent-establishment-rules-during-covid-19-outbreak

Griechenland: Bosinaki, Greece: Digital nomad visa – a tax perspective, https://www.internationaltaxreview.com/article/b1vtky0g5j6232/greece-digital-nomad-visa-a-tax-perspective

Irland: Expat Taxes, Remote Working in Ireland, https://expattaxes.ie/remote-working_tax-issues/

Kanada: Yip, Tax Issues with Employees Working Remotely in Canada, https://taxedinternational.com/tax-issues-with-employees-working-remotely-in-canada/?utm_source=rss&utm_medium=rss&utm_campaign=tax-issues-with-employees-working-remotely-in-canada#page=1

Luxemburg: Union des Entreprises Luxembourgeoises, Taxation: Cross-Border Employees Working from Home, https://www.uel.lu/wp-content/uploads/2020/11/uel_factsheet-homeworking_en.pdf

Neuseeland: Scatchard/Nakauchi, Are you remote working in New Zealand for a foreign employer? Inland Revenue's finalised view, https://www2.deloitte.com/nz/en/pages/tax-alerts/articles/remote-working-in-new-zealand-for-a-foreign-employer.html

Österreich: Kirchmayr, Steuerliche Beurteilung von „Home Offices", https://www.icon.at/de/publikationen/news/?tx_newsicon_pi2%5Bnews%5D=1386&tx_newsicon_pi2%5Baction%5D=detail&tx_newsicon_pi2%5Bcontroller%5D=News&cHash=d4f49dfecc3516589eba0f07b6af85a2

Schweden: Accountor, Permanent establishment determined in judgement for foreign company with employee working from home office in Sweden, https://www.accountor.com/en/sweden/news/permanent-establishment-determined-judgement-foreign-company-employee-working-home

Schweiz: Matteotti/Vogt/Ezzaini, Switzerland settles mutual agreements for remote working, https://www.internationaltaxreview.com/article/b1qhpclz9q3l6g/switzerland-settles-mutual-agreements-for-remote-working

Spanien: EY, Spain's Tax Authority issues ruling on remote workers and permanent establishments during and after COVID-19 restrictions, https://www.ey.com/en_gl/tax-alerts/spain-s-tax-authority-issues-ruling-on-remote-workers-and-permanent-establishments-during-and-after-covid-19-restrictions

The manufacturer's authorised representative in the EU is Springer Nature Customer Service Centre GmbH, Europaplatz 3, 69115 Heidelberg, Germany. If you have any concerns regarding our products, please contact ProductSafety@springernature.com

Printed and bound by CPI Group (UK) Ltd, Croydon, CR0 4YY
25/03/2026
02078182-0010